FACULTÉ DE DROIT DE PA

RAPPORTS FINANCIERS

DE

L'ÉTAT & DES Cies DE CHEMINS DE FER

THÈSE POUR LE DOCTORAT

PAR

H. ESNAULT

AVOCAT A LA COUR D'APPEL.

PARIS

LIBRAIRIE NOUVELLE DE DROIT ET DE JURISPRUDENCE

ARTHUR ROUSSEAU, ÉDITEUR

14, RUE SOUFFLOT, ET RUE TOULLIER, 13

—

1896

THÈSE

POUR LE DOCTORAT

8° F
9208

La Faculté n'entend donner aucune approbation ni improbation aux opinions émises dans les thèses; ces opinions doivent être considérées comme propres à leurs auteurs.

RAPPORTS FINANCIERS

DE

L'ÉTAT & DES Cies DE CHEMINS DE FER

THÈSE POUR LE DOCTORAT

L'ACTE PUBLIC SUR LES MATIÈRES CI-APRÈS
Sera soutenu le mardi 16 juin 1896, à 9 heures 1/2

PAR

H. ESNAULT

AVOCAT A LA COUR D'APPEL.

Président : M. CHAVEGRIN,

Suffragants : { MM. LE POITTEVIN, } *professeurs.*
{ MASSIGLI, }

PARIS

LIBRAIRIE NOUVELLE DE DROIT ET DE JURISPRUDENCE

ARTHUR ROUSSEAU, ÉDITEUR

14, RUE SOUFFLOT, ET RUE TOULLIER, 13

1896

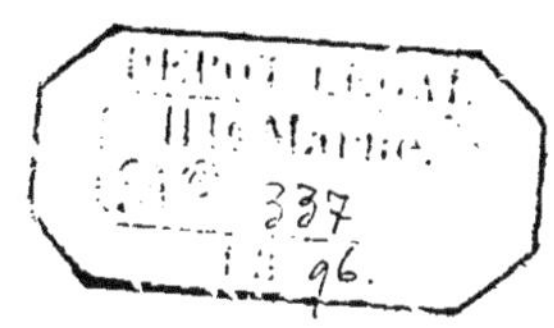

RAPPORTS FINANCIERS
DE L'ÉTAT ET DES Cies DE CHEMINS DE FER

INTRODUCTION

De toutes les questions actuellement soumises à l'examen du Parlement français, l'une des plus graves et des plus complexes est assurément celle concernant les rapports financiers de l'État et des compagnies de chemins de fer. Depuis quelques années le budget des travaux publics a pris en France un développement extraordinaire et l'accroissement de charges qui en est résulté pour le Trésor a dès longtemps appelé l'attention des pouvoirs publics ; aussi la discussion de ce budget devient-elle tous les ans de plus en plus intéressante. Cette année, comme les précédentes, ce sont les questions relatives aux chemins de fer qui ont fait presque exclusivement les frais de la discussion. Tout ce que les Chambres comptent d'économistes distingués ou de financiers compétents ont pris part au débat. Partisan ou adversaire de l'exploitation des voies ferrées par l'État, partisan ou adversaire des subventions et des garanties d'intérêt, chacun a eu la liberté la plus complète d'exposer ses idées, de produire ses théories, d'apporter ses documents.

C'est que s'il est une question d'intérêt public bien faite pour passionner l'agriculture et l'industrie françaises, c'est assurément la question des chemins de fer. Il s'agit en effet de procurer au pays, au plus bas prix possible, les moyens de transports les plus rapides et les plus abondants. « Un pays n'est civilisé, a dit J. B. Say, qu'à proportion des moyens de communication qu'on y trouve ». Les transports, si difficiles autrefois, se font aujourd'hui avec une célérité et une facilité prodigieuses, aussi le commerce intérieur et international prend-il des développements inouïs qui ont eu pour conséquence un accroissement de la richesse publique.

Nous avons été d'autant plus encouragé à entreprendre ce travail que, dans les innombrables discussions qui depuis vingt ans se sont élevées à la tribune et dans la presse, l'exemple de la France a été maintes fois évoqué. Pour une certaine école économique le « système français » réalise tous les perfectionnements et donne satisfaction à tous les intérêts : bon marché et rapidité de transports, simplification des tarifs, avantages pour le Trésor et par conséquent pour le contribuable, telles seraient quelques-uns des merveilleux résultats obtenus par l'exploitation de notre réseau.

Ici il importe de produire avant tout des arguments

économiques et financiers ; c'est en ce sens que nous allons examiner les controverses auxquelles a donné lieu depuis plus d'un demi-siècle la constitution de nos chemins de fer.

En ce qui concerne le plan de ce travail, une division en deux parties distinctes mais d'égale importance nous a paru nécessaire.

Une première partie sera consacrée à un aperçu historique et économique. Comment en effet exposer et discuter les différents modes d'intervention de l'État : subventions, prêts, garantie d'intérêt, si nous ne connaissons pas, au moins dans leurs grands traits, les origines, les transformations et les développements successifs de notre réseau ? L'histoire des conventions conclues entre l'État et les compagnies de chemins de fer est, il nous semble, le meilleur argument de doctrine pour défendre ou combattre les divers systèmes employés. Elle seule nous permet de les mettre en lumière, de les suivre dans leurs applications et de les étudier dans leurs résultats.

Pour cette première partie les matériaux à consulter sont fort nombreux : propositions parlementaires, projets gouvernementaux, rapports de commissions. Fouiller ces documents, les analyser, les dépouiller, serait une tâche au-dessus de nos forces et n'apporterait, nous ne craignons pas de le dire, aucun élément nouveau à l'étude que nous entreprenons. Aussi nous contenterons-nous d'examiner les points principaux en insistant de préférence sur les réformes les plus graves et les plus importantes.

Si nous avions tenu compte de toutes les variations subies par le régime des chemins de fer, depuis l'enfance des voies ferrées jusqu'à nos jours, nous aurions pu penser avec M. Aucoc que le système inauguré par les dernières conventions allait ouvrir une sixième période de l'histoire des chemins de fer français, ou même compter avec M. Picard dix phases successives dans cet historique. Mais négligeant les détails et ne tenant compte que des résultats, nous avons divisé en quatre périodes le cycle parcouru par les voies ferrées jusqu'à nos jours.

1° De l'origine aux conventions de 1859, période de tâtonnements et d'expérimentation.

2° De 1859 à 1875, période d'un développement régulier et méthodique, lent, il est vrai, mais dont on ne peut méconnaître la sagesse.

3° De 1876 aux conventions de 1883, nouvelle période d'expérimentation, mais accompagnée d'une ardeur enthousiaste pour le progrès et la création immédiate d'un réseau illimité.

4° A partir de 1883 seconde période de sagesse nécessitée par les embarras du Trésor.

Dans la seconde partie nous passerons successivement en revue les divers modes du concours financier de l'État à l'exécution des chemins de fer. Nous les étudierons alors au point de vue juridique, indiquant leurs avantages et leurs inconvénients, précisant et expliquant les droits et les obligations qui en dérivent pour chacune des parties engagées, l'État et les compagnies.

Les moyens employés par l'État pour venir en aide aux compagnies de chemins de fer sont nombreux et ont varié aux différentes époques suivant les nécessités du moment ou d'après les idées en faveur. Nous nous bornerons ici à traiter des combinaisons les plus importantes, savoir :

1° Subventions en travaux et en argent.

2° Participation de l'État comme actionnaire.

5° Prêts consentis par le trésor aux diverses compagnies.

4° Garantie d'intérêt.

PREMIERE PARTIE

————

CHAPITRE PREMIER

DE L'ORIGINE AUX CONVENTIONS DE 1859.

Les compagnies de chemins de fer qui ont exercé une influence si considérable sur la fortune publique, la civilisation et la sécurité du pays, ont eu une origine bien modeste et fort obscure. On a peine à se figurer aujourd'hui les difficultés qu'eurent à surmonter les fondateurs et les « propagateurs de cette grande industrie ».

Au début de cette première période « d'enfantement », « on ne se rendait encore aucun compte du rôle économique considérable que les chemins de fer étaient appelés à jouer et de l'influence prépondérante qu'ils devaient exercer plus tard sur le développement de la richesse publique (1) ». Aussi le législateur se désintéressa-t-il de leur établissement et n'intervint-il pas lors des concessions qui furent faites par simple ordonnance

_____

(1) Picard, *Traité des chemins de fer*, t. I, p. 4.

royale et à perpétuité (1) « sans aucune réserve de reprise éventuelle par l'État ». Ces voies étaient construites par les concessionnaires, et le gouvernement ne vint en aucune manière à leur aide ; il ne stipula même aucune clause relative à son contrôle sur la construction et l'exploitation. Quant aux capitaux nécessaires à l'exécution de l'entreprise, ils étaient réalisés au moyen d'actions d'un prix fort élevé et aucune obligation n'était émise (2).

Ce fut seulement en 1833, que pour la première fois devant le Parlement, fut soulevée la question de l'intervention de l'État dans la construction des lignes de chemins de fer.

Le fait important de cette époque est le vote qui fut émis le 27 juin sur la proposition de M. Thiers, ministre des travaux publics (3), d'une loi ouvrant au gouvernement un crédit de 500.000 francs pour des études de chemins de fer (4). L'impulsion était donnée et, à partir de 1835, les concessions de voies ferrées se succèdent avec rapidité. En 1835, a lieu la concession du chemin de fer de Paris à Saint-Germain (5). En 1836 et 1837 celles

(1) Dans la suite elles furent réduites à l'occasion de fusions ou de modifications apportées aux actes de concession.

(2) Picard, *loc. cit.*, t. I, p. 4. Aucoc, *Conférences sur l'administration et le droit administratif*, t. III, §§ 1208 et 1209.

(3) Il voulait préparer les grandes lignes et notamment celle de Paris au Havre.

(4) *B. L.* 1er semestre, n° 105, p. 225. Aucoc, *loc. cit.*, § 1209. Picard, *loc. cit.*

(5) La même année le gouvernement dépose deux projets de loi relatifs aux lignes de Paris au Havre et à Rouen et de Paris à St-Germain.

des lignes de Montpellier à Cette, de Paris à Versailles (1),
de Mulhouse à Thann et de Bordeaux à La Teste.

Cette année 1837 fait date dans l'histoire des chemins
de fer. Le gouvernement, après de vives discussions,
obtint du Parlement (2) un prêt de 6 millions pour la
compagnie d'Alais à Beaucaire et à la Grande-Combe.
Ce prêt était remboursable en 12 annuités à partir de la
mise en exploitation de la ligne entière et portait intérêt
à 4 0/0 (3). Le dépôt sur le bureau de la Chambre des
députés de 5 projets de loi relatifs à la concession des
lignes de Paris à la Belgique, de Paris à Tours, de Paris
à Rouen et de Lyon à Marseille, souleva dans le Parlement une certaine opposition et occasionna de longs
débats. La fin de cette année et une grande partie de
la suivante se passèrent en controverses entre les partisans du système de construction et d'exploitation par
l'État et ceux du système de l'exploitation par l'industrie
privée (4). Ces discussions se résument dans un débat
mémorable qui eut lieu en 1838. Les arguments invoqués par l'un et l'autre parti ne purent convaincre les
membres du Parlement. Ils ajournèrent l'examen de
divers projets de concessions et rejetèrent ceux tendant

(1) Rive droite et rive gauche.
(2) Loi du 17 juillet 1837.
(3) Comme garantie l'État se fait donner une hypothèque sur les
mines de la Grande-Combe et les propriétés de ladite compagnie.
(4) Signalons ce fait que, lors de la discussion, un député, M. Gau-
gier, dans une interruption, estima que les frais entraînés par la construction par l'Etat s'élèveraient à 1 milliard. Il fut traité de pessimiste
et son avis fut accueilli par le rire ironique de la Chambre entière.

à faire exécuter par l'État une sorte de premier réseau de chemins de fer.

Prévoyant ces échecs, le ministre des travaux publics avait réuni, vers la fin de 1837, une commission extra-parlementaire. Dans le sein de cette commission les avis des membres furent également partagés : « certains voulaient réserver à l'État les lignes présentant un intérêt politique ou militaire ; d'autres au contraire ne voulaient lui laisser que celles qui ne feraient pas l'objet d'offres acceptables de la part des compagnies » (1). Définitivement la commission fut partisante d'un système mixte ; elle adopta en principe le système de la construction par les compagnies privées, mais réserva à l'État un certain nombre de grandes lignes qu'il devait faire construire par des entrepreneurs, puis affermer ensuite (2).

Le 15 février 1838 un nouveau projet de loi relatif à la construction des lignes reliant Paris à Douai, Lille à Valenciennes, Paris à Rouen, Paris à Orléans et Avignon à Marseille, fut présenté par le ministre des travaux publics. Ce projet s'inspirait des travaux de la commission extraparlementaire de 1837 et demandait aux Chambres d'adopter la construction par l'État. Ce système fut défendu d'une façon tout à fait remarquable

(1) Picard, *Traité des chemins de fer*, t. I, p. 443.
(2) La commission décida en outre le classement d'un réseau de 5000 kilom., 2000 kilom. devaient être exécutés de suite (Picard, *Les chemins de fer français*, t. I, p. 83).

dans l'exposé des motifs (1) par son rédacteur, M. Legrand, directeur général des Ponts et chaussées et des mines. Il se montrait partisan de la construction par l'État et de la remise pour l'exploitation à l'industrie privée. A l'appui de son système il invoquait la crainte de l'agiotage, l'importance militaire des nouvelles voies, l'obligation de laisser le règlement de la tarification entre les mains de l'État et la « nécessité de ne chercher la rémunération des capitaux que dans le progrès général de la richesse publique ». Il rappelait la tradition française qui avait toujours « attribué à l'administration » les entreprises nécessitant « de grands efforts et de grands capitaux », et pessimiste M. Legrand élevait des doutes sur la réussite de l'entreprise, si elle était remise entre les mains de l'industrie privée (2).

Dans le débat qui suivit, le projet du gouvernement fut défendu par MM. Martin, ministre des travaux publics, Lamartine, Jaubert et Legrand ; mais il tomba sous les attaques violentes de MM. Duvergier de Hauranne, Berryer et Arago son rapporteur. En résumé, il soutenait que la construction des nouvelles voies ferrées devait être confiée à l'industrie privée, mais que le gouvernement devait prendre des garanties suffisantes pour en assurer l'exécution et l'exploitation (3).

(1) M. U. 16 février 1838.
(2) Il demandait en outre aux Chambres de confier à des ordonnances royales le soin de l'établissement provisoire d'un régime d'exploitation.
(3) Le projet du gouvernement fut repoussé par 196 voix contre 69.

Le résultat de ces débats fut un arrêt, une entrave nouvelle dans la constitution de notre réseau ; et le ministre des travaux publics (1) fut obligé, comme cela avait eu lieu deux ans plus tôt, d'instituer vers la fin de 1839 une nouvelle commission extra-parlementaire (2). Ses conclusions furent tant soit peu analogues à celles de sa devancière, et, rejetant tout système exclusif tendant à faire construire et exploiter les lignes soit par l'État, soit par les compagnies privées, elle émit l'avis que l'on pourrait confier à l'État l'exécution de l'infrastructure, c'est-à-dire de la partie la plus aléatoire des travaux. Mais elle lui réservait certaines lignes qui d'après elle devaient avoir une grande influence sur le développement de la richesse du pays (3). Elle n'était nullement partisante du système de la subvention en capital comme devant favoriser l'agiotage et prêtant trop à l'arbitraire et à l'injustice. Elle se montrait au contraire plus favorable à la souscription d'actions ou aux prêts par l'État pour les lignes dont l'achèvement avait été interrompu par suite du manque de capitaux, et ad-

(1) M. Dufaure.

(2) La création de cette commission était nécessitée par une crise qui éclata en 1839, crise occasionnée par des spéculations de Bourse et à la suite de laquelle il fallut modifier certaines conventions (L. 1er août et 26 juillet 1839 pour les compagnies de Paris au Havre et de Lille à Dunkerque. — L. 1er août 1839 accordant un prêt de 5 millions à la ligne de Paris à Versailles, rive gauche, et une loi de la même date limitant les engagements de la compagnie de Paris à Orléans.

(3) Lignes de Paris en Belgique (Picard, *Traité des chemins de fer*, t. I, p. 444).

mettait encore la garantie d'intérêt pour rassurer les
capitalistes timorés et faire revenir les capitaux éloignés
par la crise récente (1).

Tout en s'occupant de ces questions d'une haute portée et de ces considérations générales sur le régime des
chemins de fer, le Parlement fut obligé de venir en aide
aux compagnies que la crise précédente mettait dans
l'impossibilité de remplir leurs engagements. Pour cela
il eut recours tantôt aux prêts d'argent, tantôt à la garantie d'intérêt. Ainsi un prêt de 4 millions fut accordé
à la compagnie d'Andrezieux à Roanne, moyennant un
intérêt de 4 0/0 et un amortissement annuel de 2 0/0.
Un autre de 12.600.000 francs fut consenti à la compagnie de Strasbourg à Bâle ; il portait intérêt à 4 0/0,
l'amortissement annuel de 1 0/0 devait être perçu avant
toute distribution de dividende aux actionnaires. Néanmoins l'État reconnaissait aux actionnaires le droit de
toucher un intérêt de 4 0/0 avant de prélever celui de
son prêt. Une compagnie nouvelle ayant demandé la
concession de la ligne de Paris à Rouen, l'avis du gouvernement était de lui venir en aide par une souscription
de 7 millions d'actions et d'un prêt de 7 millions portant intérêt à 4 0/0 et remboursable en 30 ans. Il déposa
un projet de loi en ce sens, mais on préféra accorder à
cette compagnie un prêt de 14 millions avec intérêt à
3 0/0 et remboursable en 30 années également (2).

(1) Picard, *Les chemins de fer français*, t. I, p. 182.
(2) L'Etat ne devait verser les sommes promises par lui qu'après

Quant au système de la garantie d'intérêt, il ne fut appliqué qu'une seule fois, et encore à titre exceptionnel, à la compagnie d'Orléans. Il était sollicité par la compagnie elle-même. Le gouvernement lui était défavorable et aurait préféré souscrire à un certain nombre d'actions (1), mais il dut se rallier à l'avis de la commission de la Chambre des députés (2) et la garantie d'intérêt fut accordée à une forte majorité (3).

Elle était de 4 0/0 comprenant 1 0/0 pour l'amortissement et portait sur un capital maximum de 40 millions (4).

Pendant ce temps le gouvernement faisait également voter la construction par l'État des lignes de Montpellier à Nîmes, de Lille et de Valenciennes à la frontière belge.

Malgré ces efforts constants, auxquels nous venons d'assister, du gouvernement et du Parlement, la France était restée dans un état d'infériorité notoire à l'égard des pays étrangers (5), infériorité due à une trop longue

l'emploi du capital de la compagnie et l'exécution des travaux que ces prêts devaient servir à payer. — Les lois approuvant ces subventions sont toutes du 15 juillet 1840. — *Bull. des Lois*, 1840, p. 298 et suiv.

Picard, *Les chemins de fer français*, t. I, p. 128 et suiv.

(1) Le Parlement craignait que ce système n'amenât l'ingérence trop grande du gouvernement dans l'administration intérieure des compagnies.

(2) Le projet de la commission fut défendu par MM. de Beaumont, rapporteur, Berryer et Duchâtel.

(3) V. *Moniteur* des 8 avril, 4, 10, 11, 12 et 13 juin 1840.

(4) En outre la concession fut portée de 70 à 99 ans. V. Aucoc, *loc. cit.*, t. III, § 1211.

(5) A la fin de l'année 1840 l'Angleterre avait 2321 kilomètres de

période de tâtonnements, à la construction de lignes isolées, sans plan général et conçu à l'avance. L'opinion publique ne tarda pas à s'émouvoir de cet état de choses et la presse s'éleva avec force contre le gouvernement qu'elle accusa d'inertie et d'indifférence. Elle montra le danger auquel nous étions exposés par la construction sur nos frontières de nombreuses lignes capables de nous enlever le transit des marchandises et de porter atteinte à la sécurité du pays en facilitant une invasion étrangère (1).

Ému de la situation et de ces attaques violentes, le gouvernement prépara et présenta dans la 1re session de 1842 (2) à la Chambre des députés un projet qui devait devenir la loi du 11 juin de la même année. L'idée première du Gouvernement fut, pour obtenir les résultats les plus pratiques, de coordonner les entreprises et les projets de voies ferrées commencées sans ordre. Sans un but fixe et bien connu d'avance, il n'était pas possible

chemins de fer exploités, l'Allemagne 627, l'Autriche 647, la Belgique 378, la France n'avait, elle, que 566 kilomètres en exploitation.

(1) « D'une année à l'autre on voyait le réseau des chemins de fer allemands se développer en suivant les principes d'une stratégie à la fois militaire et commerciale ; sous le rapport de la sûreté, le corps germanique se procurait les moyens de concentrer toutes ses forces sur les points de défense de nos frontières ; sous le rapport de l'existence de nos relations commerciales, il espérait déplacer les habitudes du commerce du monde, aller au-devant de l'étranger dans les ports où le transit lui offrait le plus d'avantages et le plus de désavantages pour nous » (Cotelle, *Législation française des chemins de fer*, t. I, p. 168, éd. 1867).

(2) Le projet fut déposé sur le bureau de la Chambre, le 7 février 1842.

de tirer tout le parti que l'on était en droit d'attendre
des chemins de fer, soit pour les voyageurs, soit pour
les marchandises. Les faits d'ailleurs venaient à l'appui
de cette thèse montrer les inconvénients de ces nombreuses lignes construites sans plan et sans but général.
Il fallait en outre rassurer les capitalistes découragés
par la crise de 1839. « L'œuvre des chemins de fer, disait le rapporteur de la loi de 1842, court le risque de
ne s'exécuter que très lentement parmi nous. Nos fortu-
nes sont modérées ; notre commerce extérieur restreint
et languissant ne nous présente pas les admirables ressources que le commerce de la Grande-Bretagne a fournies à ses améliorations intérieures. Les capitaux épar-
gnés recherchent avant tout les placements assurés, la
propriété territoriale ou la dette publique. Le peu de
succès des chemins de fer entrepris avec le plus d'éclat
a effrayé les plus hardis..... Pour le moment ces capitaux ne paraissent pas, ne se réunissent pas...

« D'autre part les ressources financières de l'État ne
sont pas sans limites... Ce que nous vous proposons
d'entreprendre nous paraît très hardi ; aller plus loin
nous semblerait une inexcusable témérité. Cependant
il faut aborder ce grand travail qui importe à la dignité
et à la prospérité du pays. On en est ainsi réduit à réunir
et à combiner l'action de l'État et de l'industrie privée (1).

(1) Discours de M. Dufaure, rapporteur.

Combiner l'effort de l'État et de l'industrie privée, telle est la caractéristique de la loi de 1842 dont le projet fut favorablement accueilli par la Chambre.

Partant de ces principes la commission décida que les grandes lignes devaient rayonner de Paris vers nos diverses frontières pour aboutir à de grandes villes. Elle classa 3.150 kilomètres (1) et admit la construction simultanée de toutes ces voies en commençant par les parties les plus utiles et dont l'étude était terminée (2).

Pour arriver à l'exécution du projet on adoptait un moyen terme entre le système anglais et américain de la libre concurrence et le système belge et allemand confiant à l'Etat la construction et l'exploitation des voies ferrées. On avait recours pour le mode d'exécution au concours de l'Etat, des départements et des communes. L'Etat se réservait le travail de l'infrastructure comprenant les ouvrages de terrassements, les stations et les ateliers (3). Il se chargeait également des achats des

(1) Le projet du gouvernement proposait seulement le classement de 2.500 kilomètres.

(2) Il y eut des adversaires du commencement simultané de toutes les lignes. M. Thiers fit une comparaison restée célèbre. Il en serait, dit-il, comme si on avait plusieurs ponts à construire et que l'on édifiât une pile de chacun. Il proposa de concentrer tous les efforts sur une ligne allant du Nord au Midi. Son amendement fut repoussé. Les nécessités de la politique et le besoin de se créer une majorité étaient d'ailleurs les causes pour lesquelles le gouvernement se décidait à entreprendre simultanément plusieurs lignes. D'ailleurs les allocations, loin d'être éparpillées, étaient attribuées aux portions les plus importantes des lignes à construire et chaque section devait former un tout ayant son individualité propre.

(3) L'Etat devait livrer les terrassements aux compagnies au fur et à mesure de leur achèvement et par sections contiguës.

terrains et des bâtiments dont l'expropriation était nécessaire (1). Les compagnies n'avaient à s'occuper que
de la pose des rails et de la fourniture du matériel nécessaire à l'exploitation dont on leur laissait le soin, et ces
travaux devaient leur être remboursés à la fin de leur
bail. L'Etat évaluait son sacrifice à 150.000 francs par
kilomètre et pensait, en espaçant les travaux sur une
période de 10 années, faire face à ses engagements au
moyen de la dette flottante et de l'amortissement. Le
concours prévu des compagnies était évalué à 125.000 fr.
par kilomètre et celui des localités à 13.000.

Le gouvernement présenta en même temps plusieurs
projets pour venir en aide à diverses compagnies. Mais
il éprouva des refus de la part du Parlement. Une demande de prêt de 2 millions relative à la ligne de Bordeaux à La Teste fut repoussée en 1842 et 1843. Le
même sort était réservé à la demande de ratification
d'un traité de fusion entre les deux lignes de Paris à
Versailles (rive droite et rive gauche). Le Parlement au
contraire accueillit favorablement et sanctionna la concession de la ligne de Rouen au Havre. Une subvention
de 10 millions était accordée à la nouvelle compagnie
qui recevait en outre un prêt de 10 millions portant intérêt à 3 0/0 trois ans après l'achèvement des travaux et
remboursable en 40 annuités dont le point de départ

---

(1) Les communes intéressées devaient payer les 2/3 du prix d'expropriation. On avança aux localités leur part d'indemnité sauf remboursement ultérieur.

était fixé à la 10ᵉ année à partir de la mise en exploitation.

Les nouvelles lignes furent rapidement entreprises et ce nouvel élan donné à la construction des chemins de fer encouragea les spéculations financières. Les membres du Parlement eux-mêmes, ainsi que toutes les personnes sérieuses, regrettaient cet entraînement, source de nouvelles déceptions, qui allait occasionner de nombreuses ruines privées. Néanmoins « la fièvre des chemins de fer continuait à gagner le public ». De nombreuses compagnies s'organisaient de toutes parts pour solliciter la concession de lignes de Paris à Lyon, à Strasbourg, à la frontière belge, etc. La spéculation devint si violente que le législateur dut intervenir (1). Mais tous les efforts furent vains, et le mal déjà très grand fut accru par une crise financière et commerciale qui éclata en 1847 à la suite d'une mauvaise récolte, sur laquelle vint encore se greffer la crise politique de 1848. Cette révolution qui provoqua de grands troubles dans le monde industriel et commercial ne devait pas épargner les compagnies de chemins de fer dont les valeurs subirent une grande dépréciation (2).

(1) Loi du 15 juillet 1845 relative au chemin de fer de Paris à la frontière belge, exposé des motifs, M. Dumon, ministre des travaux publics.

Le même jour fut votée une autre loi sur la police des chemins de fer, complétée par un règlement d'administration publique du 15 novembre 1846. Ces deux actes sont encore en vigueur dans leurs clauses principales.

(2) Les compagnies de Bordeaux à Cette et de Lyon à Avignon ne

Avec la révolution de 1848, la théorie du rachat des chemins de fer par l'État fait, pour la première fois, son apparition. Dès les premiers jours de la révolution, une dépréciation des actions et une diminution dans les recettes avaient gravement atteint un certain nombre de compagnies et compromis leur situation financière. De nombreuses grèves avaient éclaté qui n'avaient fait qu'empirer le mal déjà existant. Dans ces conditions et sous l'influence de nouvelles doctrines économiques, la commission exécutive du gouvernement provisoire proposa le rachat de toutes les voies ferrées. Elle émettait l'avis de donner aux actionnaires des titres de rentes français en échange de leurs actions. En réalité, ce n'était qu'une expropriation qui, pour être déguisée, n'en était pas moins forcée, et à laquelle on retirait même les garanties habituelles accordées aux intéressés par la loi de 1841. C'était en outre la violation des engagements pris par l'État envers les compagnies dans les cahiers des charges. En un mot, c'était le régime de la force.

Pour les compagnies la situation était fort délicate ; aussi, afin de prévenir la crise, résolurent-elles d'entrer en négociations avec les représentants du gouvernement provisoire. L'accord fut impossible et M. Duclerc, alors ministre des finances, présenta un projet de loi sur le rachat des actions des chemins de fer.

pouvant remplir leurs engagements furent déclarées déchues (Arrêté ministériel du 28 décembre 1847).

Elles devaient être remboursées au cours moyen du semestre antérieur à la révolution (1). Le péril était extrême et le rachat des chemins de fer aurait été voté si les événements n'avaient amené la dissolution de la Chambre. Une ère de modération suivit et avec elle revinrent des idées plus calmes et plus conformes à la justice et au droit. La commission à laquelle le projet de rachat fut soumis n'hésita pas à le rejeter. Qu'aurait pu faire en effet un État privé de ressources et de crédit, sinon retarder l'achèvement des voies en construction? Aussi la théorie du rachat ne reçut-elle qu'une seule application, mais vraiment exceptionnelle, et encore fut-elle nécessitée par les embarras financiers avec lesquels était aux prises la compagnie à laquelle elle fut appliquée. La loi du 17 août 1848 autorisa le rachat du chemin de fer de Paris à Lyon. Mais il est juste d'ajouter que cette compagnie, se trouvant dans l'impossibilité de se faire verser les sommes encore dues par ses actionnaires pour obtenir la libération de leurs actions, allait se voir contrainte de suspendre ses travaux. Tel est le premier cas de rachat qui eut lieu en France, et encore est-il le résultat d'une convention amiable et non du droit supposé d'expropriation sur lequel se basait la commission exécutive. L'État donnait à chaque action

---

(1) D'après ce projet les actionnaires de l'Orléans n'auraient reçu qu'un revenu de 50 francs au lieu de dividendes de 62 francs ; ceux de la ligne de Rouen 39 au lieu de 51. Cette proposition mettait à la charge du budget une somme de 22.300.000 francs, rente annuelle de 518 millions d'actions. Picard, t. I, p. 614.

libérée de 250 francs 7 fr. 60 de rente 5 0/0 et promettait par action un titre de 25 francs de rente au même taux aux actionnaires qui, dans le délai de deux ans, libéreraient leurs actions.

La ligne de Paris à Lyon ne fut pas la seule à subir le contre-coup de la spéculation et des événements politiques. Plusieurs compagnies, telles que celles d'Orléans à Paris, de Bordeaux à La Teste, de Marseille à Avignon, se trouvaient dans une situation des plus précaires. Elles étaient dans l'impossibilité la plus complète de mener à bonne fin les travaux entrepris et même de continuer l'exploitation. L'État dut intervenir, mettre ces lignes sous séquestre et se charger de leur achèvement ou de leur exploitation (1).

Mais la situation financière du Trésor public qui était très obéré rendait impossible l'entreprise des travaux par l'État lui-même ; aussi dut-il, la plupart du temps, se borner à venir en aide aux compagnies qui n'auraient pu, sans son secours, sortir de leur situation embarrassée. Celles d'Orléans à Bordeaux et de Tours à Nantes obtinrent une prolongation de leurs concessions (2) et la suppression de certaines obligations qui leur étaient imposées par le cahier des charges (3). Une autre compagnie, celle de Marseille à Avignon,

---

(1) Il en fut de même pour la ligne de Paris à Sceaux.
(2) Leurs concessions furent portées à 50 ans.
(3) La ligne de Tours à Nantes fut déchargée du remboursement du prix des terrains auquel elle était obligée (L. 6 mars 1850).

qui en 1848 avait été mise sous séquestre, ne put reprendre ses travaux que grâce à un nouvel emprunt de 30 millions qu'elle fut autorisée à émettre avec une garantie d'intérêt de 5 0/0. Cette garantie devait durer jusqu'à la fin de la concession et l'État s'assurait le remboursement des sommes par lui avancées au moyen d'un prélèvement sur les bénéfices nets et avant qu'un intérêt quelconque fût servi aux actionnaires (1).

Quant à la création et à la constitution de compagnies nouvelles, il n'y fallait point songer ; c'eût été une folie en présence des embarras du Trésor et du peu d'empressement que les capitalistes montraient à apporter leurs fonds. Aussi le gouvernement de la seconde République, se trouvant en face d'une situation fort délicate et étant aux prises avec la « question des chemins de fer » qui n'était rien moins que claire, se préoccupa-t-il surtout de continuer les lignes en construction et d'assurer l'exploitation de celles qui étaient déjà livrées à la circulation. Dans ce but l'Assemblée nationale rejeta diverses demandes de concessions qui lui furent proposées. Une seule fut acceptée dans la période qui va de 1848 à 1851, celle de la ligne de Paris à Rennes (2) déjà en exploitation jusqu'à Chartres. La concession était accordée pour 99 ans, mais dans des conditions fort onéreuses pour l'État qui se chargeait des travaux de l'in-

---

(1) L. 19 août 1849, *B. L.*, 2ᵉ sem. 1849, nᵒ 212, p. 454.

(2) Projet déposé le 7 décembre 1850; *M. U.*, 11 décembre 1850; L. 12 mai 1851; *B. L.*, 1ᵉʳ semestre 1851, nᵒ 390, p. 575.

frastructure conformément à la loi de 1842 et en raison de l'utilité de cette ligne qui devait être peu rémunératrice par elle-même. On assurait à la compagnie une garantie d'intérêt de 4 0/0 pendant 50 ans, portant sur un capital maximum de 55 millions. En faveur de l'État il était stipulé que le Trésor serait remboursé sur les excédents de recettes des exercices antérieurs et, s'il était nécessaire, à l'expiration de la concession, sur la valeur du matériel. Le cahier des charges prévoyait également le partage des bénéfices lorsqu'ils dépasseraient 8 0/0.

La seconde République a fait fort peu pour les chemins de fer ; les embarras du Trésor, la lutte ardente entre les partisans de l'exécution et de l'exploitation des voies ferrées par l'État et les partisans de l'industrie privée eurent pour résultat un ralentissement dans la concession et la construction des lignes nouvelles. Si bien que pendant cette période le réseau classé ne s'était accru que de 246 kilomètres ; quant au réseau concédé il était tombé de 4.042 kilomètres à 3.901 kilomètres, par suite du rachat de la ligne de Paris à Lyon. Par contre l'exploitation s'était étendue de 1.832 kilomètres à 3.554 dont 383 entre les mains de l'État (1).

Avec le gouvernement impérial (2) nous allons en-

______

(1) Picard, t. I, p. 782. Thoviste, p. 43.

(2) Pendant cette période les renseignements sur les débats préparatoires nous font presque défaut. Le gouvernement s'était fait

trer dans une ère nouvelle qui va aboutir à la constitution définitive de notre réseau. Les voies en construction vont être terminées le plus rapidement possible ;
puis on exécutera de nouvelles lignes jugées nécessaires. La période d'essais, de tâtonnements est terminée ;
tous les systèmes ont été discutés, et même expéri-
mentés. Le nouveau gouvernement trouve réunis tous
les matériaux nécessaires pour réaliser le plan immense
de travaux publics qu'il amène avec lui. « Les voies
ferrées, qui d'abord paraissaient réservées aux contrées
les plus riches et les plus industrieuses, étaient deve-
nues une condition d'existence pour toutes les parties
du territoire et le gouvernement dut se préoccuper d'en
assurer le bienfait aux contrées qui jusque-là en avaient
été privées (1) ».

Mais, avant de rien entreprendre, il fallait « assurer
la situation jusque-là précaire et incertaine des compagnies de chemins de fer », aussi dans ce but l'Empereur, dès l'année 1852, porta à 99 ans la durée des
concessions. Par ce moyen, « en ouvrant devant elles
un long avenir », il leur rendait moins lourdes les
charges de l'amortissement qui se trouvaient par ce
fait même réparties sur un plus grand nombre d'années : « La confiance du public se porta alors avec em-

donner le privilège d'accorder les concessions par décret en Conseil
d'État et les archives de ce dernier ont été détruites pendant la com-
mune de 1871. Le parlement n'intervenait que pour les clauses intéressant les finances publiques.

(1) Exposé des motifs de la loi de 1859.

pressement vers les opérations des compagnies de chemins de fer, et les capitaux affluèrent (1) ».

Une fois ce premier point obtenu, le gouvernement dut chercher à consolider, à affermir ces compagnies auxquelles il venait de rendre une vie prospère : pour cela « il chercha à concentrer les forces en organisant de grands réseaux et en constituant les compagnies les plus anciennes et les plus solides sur de larges bases ». Il y arriva en favorisant les rapprochements et la fusion des compagnies de manière à former de nouvelles sociétés puissantes, jouissant d'un crédit immense et incontesté, « capables d'entreprendre, sans compromettre leur avenir, des chemins secondaires dont l'exécution eût été inabordable pour des compagnies nouvelles et isolées ».

Le fractionnement et la multiplicité des concessions se comprennent fort bien à l'origine des chemins de fer ; même ils sont nécessaires. La nouvelle entreprise est peu connue ; le public ne la voit pas avec faveur et n'apporte pas ses capitaux, préférant pour eux un placement sûr et solide. Aussi pour les attirer faut-il en quelque sorte aller au-devant des capitalistes. On ne peut leur donner un revenu qui les tente, on leur offrira des avantages immédiats que pourra leur procurer la nouvelle voie. La compagnie sera près d'eux, ils pourront la surveiller plus ou moins ; en tout cas leurs capi-

____

(1) Exposé des motifs de la loi de 1859.

taux ne seront employés qu'à des travaux locaux dont eux-mêmes tireront un certain profit personnel.

Mais cette diversité et ce morcellement seront une cause de faiblesse pour les compagnies. Sans lien, sans union entre elles, il leur sera non seulement impossible d'entreprendre de grands travaux utiles à la prospérité de l'État, mais elles seront même la plupart du temps incapables de mener à bonne fin ces lignes locales dont elles ont entrepris la construction.

En 1852 ces temps sont passés ; on comprend maintenant tous les avantages que l'on peut retirer de lignes bien établies, savamment construites et placées entre les mains de compagnies puissantes et capables d'en assurer l'exploitation. Le public s'est familiarisé avec l'idée de grandes compagnies concessionnaires et le gouvernement, en favorisant les fusions, n'a fait que réaliser le vœu de la partie éclairée de la nation. Les résultats du nouveau régime furent immenses et ne tardèrent pas à se faire sentir.

Si on peut adresser à ces fusions le reproche d'avoir établi en faveur de certaines grandes compagnies une sorte de monopole excessif, il faut bien reconnaître aussi qu'elles ont puissamment contribué à l'achèvement de notre réseau, en donnant les moyens de le compléter par l'établissement de lignes secondaires. Elles ont eu encore le double avantage, pour les compagnies, de supprimer la crainte de la concurrence, d'amener une réduction dans les frais d'exploitation et de faciliter à l'État l'exercice de ses droits de contrôle et de surveillance. Ces fusions amenèrent encore d'autres résultats heureux et facilement appréciables du public : uniformité dans les tarifs, plus grande facilité de circulation, mesures générales et étendues de sécurité et d'amélioration.

La législation de cette époque rendait d'ailleurs facile cette fusion des compagnies, un décret en Conseil d'Etat étant suffisant pour autoriser les travaux publics.

C'est dans cette série d'années qui s'écoule de 1852 à 1858, que va s'élaborer ce grand travail de fusion auquel nous allons assister. « Le chiffre des compagnies, qui s'était élevé à 33 en 1846, est tombé successivement à 24 en 1855, à 11 en 1857 ; il est à peu près réduit à 6 en 1859 » (1).

Entrant maintenant dans les détails, après ce rapide coup d'œil sur l'histoire générale des chemins de fer pendant la première moitié de l'Empire, il nous faut signaler les concessions (2) de la ligne de Paris à Lyon (3) et de Lyon à la Méditerranée. Cette dernière fut le ré-

(1) Aucoc, *Conférences sur le droit administratif*, t. 3, nᵒ 1220.

(2) Dès la fin de 1851, peu après le coup d'Etat, le gouvernement prescrivait l'établissement d'un chemin de fer de ceinture à l'intérieur du mur d'enceinte des fortifications de Paris (Déc. 10 décembre 1851. *B. L.*, 1ᵉʳ sem. 1851, nᵒ 470, p. 1105.

(3) Décret-loi, 5 janvier 1852. — La concession est accordée pour 99 ans avec garantie d'intérêt à 5 0/0 pendant 50 ans pour un capital maximum de 200 millions. En 1848 cette ligne avait été rachetée par l'Etat à qui la nouvelle compagnie remboursa 114 millions pour prix des travaux déjà exécutés.

sultat de la fusion de diverses compagnies (1). La concession lui était accordée pour 99 ans. Ajoutons, pour être complet sur ce point, qu'elle devenait également concessionnaire de la ligne de Marseille à Toulon et recevait de ce chef une subvention de 30 millions représentant le prix de construction de l'infrastructure. Elle obtenait en outre pour une durée de 50 années la garantie de l'intérêt des dépenses mises à sa charge et les arrérages des obligations qu'elle avait dû remettre aux actionnaires des lignes fusionnées avec elle.

Citons encore, dans le cours de l'année 1852, les décrets autorisant la fusion de la compagnie du Nord avec celle d'Amiens à Boulogne (2), réunissant les compagnies de Paris à Orléans, d'Orléans à Bordeaux, du centre à Nantes, et créant ainsi la Compagnie d'Orléans (3). Cette même année furent encore concédées deux grandes lignes : 1º celle de Paris à Cherbourg ; 2º celle de Bordeaux à Cette. A cette dernière furent accordées une garantie d'intérêt, une subvention de 35 millions et la cession gratuite du canal latéral à la Garonne.

Ce travail de fusion continue les années suivantes : en 1853 le réseau de l'Est est formé par la réunion de diverses lignes (Mulhouse à Thann et Strasbourg à Bâle)

(1) Lyon à Avignon, Marseille à Avignon, Montpellier à Nîmes et à Cette.

(2) En 1847 déjà elle s'était incorporé la compagnie de Creil à Saint-Quentin.

(3) Une garantie d'intérêt de 4 0/0 pendant 50 ans et portant sur un capital de 150 millions fut accordée à cette nouvelle compagnie.

à celle de Paris à Strasbourg. La nouvelle compagnie ajoute même à son réseau les lignes de Gray à Blesme et de Troyes à Montereau. Il se trouve ainsi relié au chemin de Lyon.

Nous avons encore à signaler cette même année la constitution d'un réseau important; celui du Grand-Central (374 kilomètres) qui absorba presque aussitôt une partie des lignes principales du centre (1). Ce nouveau réseau conquit rapidement une place importante parmi les grandes compagnies par l'effet d'un traité qu'il conclut en 1855 avec l'Orléans et le Paris-Lyon ; le traité avait pour but l'exploitation, à frais communs, d'une nouvelle ligne de Paris à Lyon et qui devait passer par le Bourbonnais . Une loi du 2 mai, en accordant à la compagnie du Grand Central diverses concessions nouvelles, porta l'étendue de son réseau à 1.100 kilomètres. Il lui fut également donné une subvention de 78 millions et une garantie d'intérêt de 4 0/0 portant sur un capital de 214 millions (2).

Le but que s'était proposé le Grand-Central était trop

---

(1) Un certain nombre de lignes lui furent concédées à titre éventuel ou définitif par un décret du 21 avril de la même année. Les dernières de ces lignes devaient être construites sans le secours de subventions ; pour les premières on avait recours au système de la loi de 1842 ; elles furent rendues définitives par une convention sanctionnée par une loi du 2 mai 1855.

(2) Au cas où la compagnie aurait eu besoin de la garantie pendant 5 années consécutives, l'État avait le droit d'en reprendre l'administration jusqu'au moment où le revenu net du réseau aurait été de 3 0/0 pendant 3 années de suite.

vaste, trop lourd pour une compagnie qui cherchait à
desservir les régions les plus accidentées et les moins
populeuses du centre de la France. Le crédit et les capitaux lui manquaient et bientôt une liquidation devint
nécessaire. Afin d'éviter cette solution extrême, diverses combinaisons furent proposées : entre autres la création d'un nouveau réseau de Paris à la Méditerranée
entre les lignes de Lyon et d'Orléans. Ce projet fut rejeté, car il était contraire aux idées de tout temps adop-
tées en France au sujet de la concurrence des chemins
de fer, et on en vint au partage du Grand-Central entre
les lignes de Lyon et d'Orléans (1).

Une loi du 19 juin 1857 approuvait la fusion des lignes
de Paris à Lyon et de Lyon à Genève. En ce qui touche
cette dernière ligne, notons que, par une loi du 10 juin
1853, une garantie d'intérêt avait été accordée, mais que
l'Etat s'était réservé le droit de reprendre l'administration de la ligne si la compagnie avait recours à la garantie pendant 5 années consécutives (2).

Le gouvernement, à la suite du partage du Grand-
Central entre le Lyon et l'Orléans, voyant la situation
prospère de ces compagnies, profita de l'occasion et leur
donna en concession 2.597 kilomètres de lignes nouvelles sans subvention et sans garantie d'intérêts ; de plus,
il modifia, en les aggravant dans une certaine mesure,

(1) 11 avril 1857.
(2) Il perdait ce droit si le revenu net de la compagnie atteignait
3 0/0 pendant 3 années consécutives.

les cahiers des charges de diverses compagnies. Ces dernières qui avaient, depuis près de 5 ans, dépensé environ 2 milliards, voyaient ainsi doubler leurs charges. Pour faire face à ces nouvelles dépenses, elles firent un appel au public et émirent des obligations. Mais une crise financière et économique qui éclata en 1857 à la suite de plusieurs mauvaises récoltes rendit l'argent fort rare ; les capitalistes, effrayés de la situation embarrassée des compagnies et leur reprochant d'avoir accepté ces nouvelles concessions, devinrent plus timides. Les capitaux ne se montrèrent pas et l'émission des obligations devint fort difficile. Force fut aux compagnies de solliciter une nouvelle intervention du gouvernement. « En droit rigoureux, elles n'avaient rien à réclamer, mais le gouvernement pensa qu'il ne serait pas sage de s'en tenir au droit strict (1) ». Aussi, pour ne pas nuire à l'achèvement des lignes nouvellement concédées, le gouvernement, dans une note insérée au *Moniteur*, annonça-t-il que le ministre des travaux publics entrerait en relations avec les grandes compagnies et examinerait avec soin leurs réclamations.

De ces pourparlers sortirent les conventions approuvées par une loi du 11 juin 1859.

En terminant cette première période de l'histoire des chemins de fer, il nous paraît utile, avant de pousser plus loin cette étude, de jeter un rapide coup d'œil

____

(1) Aucoc, *Confér. sur le droit adm.*, t. III, § 1222.

sur les faits accomplis jusqu'à ce jour. Ce résumé aura
de plus l'avantage d'éclairer les événements que nous
allons voir dans la suite se dérouler devant nous et de
faciliter leur intelligence.

Très lente à son origine, rencontrant beaucoup d'opposition, d'hostilité même de la part de gens éclairés,
l'idée de l'établissement des chemins de fer ne tarda pas
à s'imposer au public par la force même des choses.
Néanmoins la construction des lignes fut assez lente en
France. Dans cette première période toute d'hésitation
et de tâtonnements, il y eut à surmonter et à vaincre
une quantité de difficultés à peine soupçonnées actuellement. Jusqu'à la loi du 11 juin 1842, première loi importante que nous rencontrions dans notre législation
sur les chemins de fer, le gouvernement garde une atti-
tude passive, « expectante », c'est « la période anglaise
des chemins de fer français », ainsi que l'a fort bien
définie M. Cezanne (1). A l'origine le législateur n'intervient pas pour accorder les concessions qui toutes sont
faites à perpétuité et par une simple ordonnance royale.
Mais il faut ajouter, pour être juste, qu'à cette époque
la construction se fait entièrement aux frais des concessionnaires, sans prêts ni garantie d'intérêt par l'État.

A partir du moment où fut établie la première ligne
à traction locomotive pour le transport des voyageurs,
le pouvoir législatif apparaît et se substitue au pouvoir

______

(1) Discours, *J. off.*, 22 mai 1875.

exécutif et nous voyons naître le système des concessions temporaires. En même temps des secours sont accordés par l'État à l'industrie privée sous diverses formes, tantôt de subventions, tantôt de prêts, tantôt à l'aide de la garantie d'intérêt ou tantôt par le moyen de la participation à titre d'actionnaire. On n'a sur ces divers modes de concours que des notions encore bien vagues et on les emploie au hasard et surtout au gré des événements. L'expérience, les nombreux débats qui de 1832 à 1841 s'élevèrent dans les Chambres, et, il faut le dire aussi, les résultats presque nuls obtenus (1) montrèrent tous les inconvénients du système adopté jusqu'alors et firent voir la nécessité d'avoir un programme complet et une législation fixe en cette matière.

Ce fut la loi du 11 juin 1842 qui décida la première la construction d'un réseau de chemins de fer conçu et construit d'après un plan net, précis et élaboré à l'avance. Elle adoptait en même temps un régime de transaction entre le système de liberté absolue dans la construction et celui du socialisme d'Etat. Ainsi que nous l'avons vu, l'Etat faisait certains travaux aléatoires de premier établissement et les remettait aux compagnies qui n'avaient à leur charge que les ouvrages dits de superstructure et la fourniture du matériel. A l'expiration du bail dont la durée était fixée par le Parlement, l'Etat devenait sous certaines conditions propriétaire de

(1) Voir p. 14, n. 5, le tableau comparatif de l'état des chemins de fer en 1840 dans les différents pays d'Europe.

la voie ferrée et du matériel. L'impulsion nécessaire étant donnée, de nouvelles lignes furent construites rapidement, mais ce nouvel élan des spéculations financières en 1847 fut la cause première d'une crise considérablement aggravée par la Révolution de février.

En 1848 nous voyons apparaître pour la première fois la théorie du rachat des chemins de fer. Le projet n'aboutit pas, mais il fit planer sur les compagnies un doute dont elles eurent beaucoup à souffrir et empêcha la constitution de compagnies nouvelles.

L'Empire, dans ses débuts, de 1852 à 1859, nous conduit à la fin de notre première période, à la constitution définitive de notre réseau. Pour relever le crédit des compagnies, pour leur donner plus de force, il prolonge jusqu'à 99 ans la durée des concessions. Puis il encourage la fusion en six grandes compagnies des nombreuses lignes éparses et peu rémunératrices qui couvraient le territoire de la France ; par ce moyen il formait des sociétés puissantes n'ayant pas à craindre la concurrence et capables d'entreprendre la construction de nouvelles lignes onéreuses, il est vrai, mais nécessaires.

Une crise financière qui éclata en 1857, fut l'origine de nouvelles conventions que nous allons étudier dans le chapitre suivant.

CHAPITRE II

SECONDE PÉRIODE : DE 1859 A 1876.

Avant d'aborder cette nouvelle période de l'histoire des chemins de fer, nous croyons utile de bien préciser la situation afin de faciliter l'étude des changements qui vont se produire. En quelques années, les progrès accomplis avaient été rapides ; l'extension de notre réseau avait été immense. Tandis qu'à la fin de 1851 le développement des chemins de fer d'intérêt général concédés définitivement était de 3.918 kilomètres, au mois de décembre 1858 il atteignait une longueur de près de 14.250 kilomètres, auxquels nous devons ajouter 1833 kilomètres de lignes concédées à titre éventuel (1), ce qui nous donne un total de 16.000 kilomètres de lignes concédées, sur lesquels 8.769 étaient en exploitation (2).

(1) Tous ces chiffres sont empruntés à l'étude historique de M. Picard, t. II, p. 164.

(2) Pour les chemins d'intérêt général les dépenses faites par l'État étaient en 1851 de 580 millions, celles des compagnies de 868 millions et celles faites par divers de 24 millions. A la fin de 1858 les premières s'élevaient à 775 millions, les secondes à 3 milliards 206 millions, les troisièmes à 33 millions.

Les dépenses à effectuer étaient en 1851 pour l'État de 278 millions, pour les compagnies de 196 millions ; à la fin de 1858, elles montaient pour le premier à 457 millions et pour les secondes à 1 milliard 900 millions.

Un effort aussi puissant devait être forcément suivi d'une période de calme et de lassitude aggravée et précipitée par la crise financière des derniers mois de l'année 1857. Nous n'avons pas à revenir sur ce point et nous savons déjà que, sollicité par les compagnies de reviser leurs contrats, dès 1858 le gouvernement avait répondu par une note ainsi conçue : « L'opinion publique s'est préoccupée dans ces derniers temps des réclamations que la réunion des grandes compagnies de chemins de fer a adressées au gouvernement.

« Ces réclamations ont été accueillies avec le bienveillant intérêt que l'Empereur a toujours montré et continue de porter à ces grandes entreprises.

« La principale de ces demandes avait pour but le retrait de la loi votée l'année dernière sur les valeurs mobilières. Cette loi, présentée conformément au vœu souvent formulé par le corps législatif, n'a été votée qu'après une discussion approfondie. Elle est d'une date trop récente pour qu'on puisse se former une opinion définitive sur son application et ses résultats. Quant aux demandes relatives à des points spéciaux, les réclamations des compagnies seront examinées avec la sollicitude qu'inspirent au gouvernement des entreprises dont le succès est si intimement lié à la prospérité générale, et le ministre des travaux publics s'est déjà mis en rapport avec les compagnies » (1).

____

(1) Note parue au *Moniteur universel*.

Le gouvernement tint sa promesse et dès le 8 février 1859 un projet de loi était déposé au corps législatif. Disons, pour n'y plus revenir, que préparé par M. de Vuillefroy, président de section au Conseil d'Etat (1), il eut pour rapporteur à la Chambre M. de Jouvenel (2), fut discuté les 16, 17, 18 mai et adopté par 221 voix contre 11.

L'exposé des motifs, après avoir repoussé l'ajournement des lignes improductives comme une mesure impolitique et impopulaire, généralisait le système de la garantie d'intérêt imaginé en 1840 et souvent appliqué depuis 1852.

Le régime de 1859 repose sur une distinction entre l'*ancien* et le *nouveau réseau*. L'idée qui l'inspira était une idée de justice : le désir de consacrer et d'assurer aux compagnies la situation dont elles jouissaient en 1857. Dans l'ancien réseau on classait les lignes principales existant à cette date ; le nouveau était composé de toutes celles concédées en 1857 à titre définitif ou éventuel. Chacun des deux réseaux devait avoir sa comptabilité distincte.

Seul le nouveau réseau devait jouir, pendant 50 ans, d'une garantie d'intérêt dont le point de départ était fixé au 1ᵉʳ janvier 1864 pour la compagnie de l'Est et au 1ᵉʳ janvier 1865 pour les autres. Pour les lignes non terminées à cette date, la garantie n'était due qu'après

(1) *Monit.* des 23 février et 4 mars 1859.
(2) Le 6 mai.

le 1ᵉʳ janvier suivant leur mise en exploitation. « Celles
des lignes du nouveau réseau, qui ne seront pas terminées avant le 1ᵉʳ janvier 1865, ne participeront à la garantie d'intérêt qu'à partir du 1ᵉʳ janvier qui suivra
leur mise en exploitation ».

« Jusqu'à l'époque où commencera, pour les lignes
du nouveau réseau, l'application de la garantie d'intérêt stipulée par le présent article, les intérêts et l'amortissement des titres émis pour leur rachat ou leur construction seront payés au moyen des produits des sections de ces lignes qui seront successivement mises en
exploitation. En cas d'insuffisance, ces intérêts et
amortissement seront portés au compte de premier
établissement ».

L'avantage de cette dernière clause pour l'État était,
quant à présent, de ne pas charger outre mesure le
compte de la garantie d'intérêt, en attendant que ces
lignes eussent obtenu leur trafic normal avant de les
faire entrer au compte d'exploitation.

Le taux de la garantie était de 4 0/0. On y ajouta
0,65 0/0 pour l'amortissement au même taux et pendant le même délai ; soit un total de 4,65 0/0.

Elle ne pouvait porter sur un capital supérieur au
chiffre déterminé pour chaque compagnie et formant
pour l'ensemble des lignes un total de 3.115.500.000
francs (1), soit une annuité de 144.213.750 francs,

(1) Le capital se décomposait de la manière suivante : 814 millions
pour le Lyon-Méditerranée ; 601 millions pour l'Orléans, 139.500.000

payable par l'État intérêt et amortissement compris (1).
Néanmoins la garantie ne pouvait être exigée que pour
les sommes réellement dépensées. Afin d'en bien déterminer le montant, il était imposé aux compagnies « d'arrêter provisoirement leurs comptes de premier établissement avant le 1er janvier suivant la mise en exploitation ». L'arrêt définitif de ces comptes devait être fait
dans les cinq années suivant cette époque (2).

La garantie d'intérêt d'ailleurs ne constituait qu'une
avance à rembourser à l'État par les compagnies, dès
que leurs produits nets dépasseraient l'intérêt garanti
et les dividendes stipulés. Si, à l'expiration de la concession, l'État restait créancier de la compagnie, sa
« créance devait être compensée, jusqu'à due concurrence, avec la somme due à la compagnie pour la reprise du matériel, s'il y avait lieu, aux termes de l'article 36 du cahier des charges ». Ces sommes ainsi avancées par l'État aux compagnies portaient intérêt à 4 0/0
et le remboursement devait commencer à s'opérer dès
que le revenu net du nouveau réseau, augmenté des sommes déversées par l'ancien, dépasserait l'intérêt garanti.

Pour l'ancien réseau aucune garantie d'intérêt n'était

pour le Nord ; 505 millions pour l'Ouest et 149 millions pour le
Midi.

(1) G. Graux, *Les conventions avec les grandes compagnies.*

(2) Les travaux de superstructure, y compris les stations, mais non
les maisons de gardes, qui aux termes de la loi de 1842 étaient à la
charge de l'Etat, étaient mis à la charge des compagnies.

plus accordée aux compagnies, sauf pour celle du Midi en faveur de laquelle une exception fut faite.

On lui reconnaissait et attribuait un certain revenu kilométrique, de manière à assurer aux actions un minimum de dividendes. Mais l'exploitation du nouveau réseau, au fur et à mesure de l'avancement de ses travaux, devant apporter aux lignes primitives un surcroît de trafic et par conséquent un excédent de recettes, les nouvelles conventions décidèrent que toute la portion du revenu de l'ancien réseau, excédant le chiffre kilométrique déterminé pour chaque compagnie, serait attribuée comme supplément de recette au nouveau réseau, pour couvrir jusqu'à concurrence l'intérêt garanti par l'État. Et c'était toute justice. Par ce moyen on protégeait les droits du Trésor en diminuant dans une certaine mesure le montant des charges dont il avait consenti à se grever et qui eussent été considérablement plus lourdes si les « produits des lignes des deux réseaux eussent été absolument séparés. D'autre part on enlevait aux compagnies la tentation de détourner le trafic des quelques lignes nouvelles pour favoriser des lignes parallèles comprises dans l'ancien réseau (1) ».

Du revenu de l'ancien réseau on faisait donc deux parts dont l'une lui était *réservée* et l'autre au contraire se *déversait* sur le nouveau réseau. Cette dernière, nous venons de le dire, avait pour but d'alléger les charges

(1) Aucoc.

incombant à l'État. La première était destinée et calculée de manière à : 1° assurer aux actions un dividende fixe (1) ; 2° pourvoir au service des obligations afférentes à ce réseau ; 3° fournir un appoint de 1, 10 0/0 nécessaire pour compléter, avec le taux garanti de 4,65 0/0, l'intérêt et l'amortissement des emprunts contractés pour l'exécution du nouveau réseau (2).

Pour le calcul de ce revenu réservé, on fit d'abord la moyenne, légèrement abaissée, des dividendes distribués aux actionnaires; puis on l'additionna avec les intérêts et l'amortissement des obligations émises pour l'ancien réseau et l'annuité complémentaire de 1 fr. 10.

Le total de ces sommes constitua le revenu réservé ; l'excédent de ce revenu forma le *déversoir* (3) et fut destiné à compléter les recettes du second réseau. Après diverses modifications le revenu réservé kilométrique a été fixé ainsi qu'il suit par les auteurs des conventions: 29,100 francs pour l'Est ; 28,010 francs pour le Midi ; 29,900 francs pour le Paris-Lyon-Méditerranée ; 35,000 pour l'Ouest ; 26,000 francs pour l'Orléans ; 38,240 fr. pour le Nord. D'où il en résultait pour chacune de ces compagnies un dividende par action de 30 francs pour l'Est ; 35 francs pour le Midi ; 50 francs pour le Nord ;

____

(1) Ce dividende était basé sur le revenu des dernières années.

(2) Picard, *Les chemins de fer français*, t. II, p. 172.

On fixait *à priori* un taux forfaitaire de 5,75 0/0 pour le service des obligations, intérêt et amortissement compris.

(3) Expression barbare employée par les ingénieurs des Ponts et Chaussées, mais qui explique bien la combinaison.

51 fr. 80 pour l'Orléans ; 30 francs pour l'Ouest et 47 francs pour le Lyon-Méditerranée ; soit une moyenne de 40 fr. 633 pour chacune des 3,059,000 actions émises (1).

Ce que nous venons d'exposer s'applique aux lignes de l'ancien réseau terminées à l'époque où le jeu de la garantie d'intérêt devait commencer à fonctionner. Pour celles dont l'achèvement n'était pas encore terminé à cette date (1er janvier 1865), elles ne devaient entrer dans le compte de l'ancien réseau que le premier janvier suivant leur mise en exploitation. « Les lignes de l'ancien réseau qui ne seraient pas terminées avant le 1er janvier 1865, ne figureront dans le compte de produits nets de ce réseau qu'à partir du 1er janvier qui suivra leur mise en exploitation ». Il y a là, ainsi que le fait remarquer M. de Franqueville, un encouragement à terminer rapidement l'ancien réseau, le revenu kilométrique réservé étant plus élevé que l'intérêt et l'amortissement de la dépense du premier réseau.

Enfin, en compensation des avantages qui leur étaient accordés, les compagnies consentaient à partager avec l'État, à partir de 1872 (2), la portion du revenu qui excéderait un chiffre déterminé pour chaque compagnie. En général il devait avoir lieu quand « l'ensemble

(1) Ces chiffres nous sont fournis par l'ouvrage de M. Graux, *Les conventions avec les grandes compagnies*, auquel nous avons fait de nombreux emprunts en cette matière.

(2) Cette clause de partage avait déjà été stipulée avec diverses compagnies en 1845, 1852, 1853 et 1857.

des produits nets des deux réseaux excéderait les sommes nécessaires pour représenter à la fois 8 0/0 du capital effectivement dépensé pour les lignes de l'ancien réseau, 6 0/0 du capital effectivement dépensé pour les lignes du nouveau réseau ».

Tel est dans son ensemble le système des conventions de 1859. Bien que différant sur certains points essentiels de celui pratiqué en 1852 et 1857, il se rattache à la même conception ; il est guidé par la même idée : la coordination des efforts des compagnies avec l'appui effectif de l'Etat. Par ce moyen on réunissait dans leurs mains les ressources nécessaires à l'achèvement des lignes secondaires.

Il est également fort avantageux pour le Trésor. Les compagnies en effet doivent tenir les lignes en bon état d'entretien et les remettre à l'État à l'expiration des concessions, avec le matériel roulant et les objets mobiliers des ateliers et des gares. Ce matériel à la demande soit de la compagnie, soit de l'État, pourra être évalué en ce moment à dire d'experts (art. 36 du cahier des charges).

Quant à la question du rachat, elle était tranchée par un texte spécial. Il ne pouvait s'opérer que sur la concession tout entière et après un délai de quinze années. Le droit à une indemnité était reconnu pour la compagnie qui la recevait sous forme d'annuité. Cette annuité, qui dans aucun cas ne pouvait être inférieure au revenu de la dernière année, devait être calculée sur la moyenne des produits des sept dernières années, desquelles on déduisait le revenu des deux plus faibles. En déduction de cette annuité venait le prix des sommes dues par l'Etat à titre de garantie d'intérêt.

« Ainsi, garantie d'intérêt accordé par le Trésor aux compagnies sous la forme d'avances remboursables et portant intérêt à 4 0/0 ; partage des bénéfices au profit de l'Etat, au delà d'un certain produit net ; retour au patrimoine national de toutes les lignes ferrées à l'expiration des concessions ; telle est, sauf quelques modifications de détail apportées par les contrats postérieurs, l'économie des conventions conclues en 1859 entre les compagnies de chemins de fer et les pouvoirs publics. Cette œuvre considérable, à l'élaboration de laquelle les hommes les plus éminents par le talent et par l'expérience avaient été conviés, avait pour but de créer le merveilleux instrument de circulation dont nous jouissons aujourd'hui, en faisant appel aux capitaux privés disponibles, en leur accordant le concours du crédit de l'Etat, et de sauvegarder à la fois les droits de l'un et les intérêts des autres (1) ».

Les nouvelles conventions permirent aux compagnies de relever leur crédit et de pousser activement les travaux. Chaque année, en moyenne elles purent exploiter 700 nouveaux kilomètres.

L'industrie des chemins de fer ne pouvait rester sta-

______

(1) Octave Noël, *Conséquences économiques et financières des conventions de 1859.*

tionnaire ; des besoins nouveaux se révélaient chaque jour. Les conventions de 1859 avaient eu, il est vrai, d'heureux résultats et favorisé dans une grande mesure l'écoulement des produits français, mais toutes les régions de notre territoire étaient loin d'être également satisfaites. Toutes n'avaient pas le bonheur d'être traversées par des voies ferrées et, dans certaines même, aucune ligne n'existait à l'état de projet ou d'étude. La constitution d'un réseau complémentaire était donc chose indispensable et nécessitée par le grand mouvement qui commençait à poindre.

Les idées libre-échangistes qui prirent naissance à cette date, ne firent que plus vivement sentir à ces régions dépourvues de voies ferrées leur infériorité sur les contrées voisines plus favorisées. Quels moyens pour elle d'augmenter leur commerce et leur industrie, de soutenir la concurrence étrangère et de profiter des nouveaux traités, si elles ne pouvaient exporter les produits de leur sol et de leurs usines ? Aussi de nombreuses lignes furent-elles demandées au Gouvernement. M. Roulleaux-Dugage, se faisant l'interprète de ces réclamations, dans un rapport publié au *Moniteur universel* (1), exposait la nécessité d'étudier les nouvelles demandes de concessions. Il engageait en outre le gouvernement à faire le nécessaire et à accorder de nombreuses subventions afin de faciliter la construction de

____

(1) *M. U.*, 1860, annexes R, n° 338.

voies dont l'urgence était reconnue. Une loi du 1er août 1860 (1) accorda au gouvernement l'autorisation de concéder diverses lignes d'intérêt local (Caen à Flers ; Mayenne à Laval ; Épinal à Remiremont ; Lunéville à St-Dié, etc.) et même d'entreprendre les travaux s'il ne se présentait pas de concessionnaires. L'article 3 de la loi précitée est ainsi conçu : « Dans le cas où les chemins mentionnés aux deux articles précédents ne seraient pas immédiatement concédés, le ministre de l'agriculture, du commerce et des travaux publics, est autorisé à entreprendre les travaux aussitôt que l'utilité publique des dits chemins aura été déclarée, après l'accomplissement des formalités prescrites par les lois et règlements... ».

Le gouvernement entra immédiatement en pourparlers avec les grandes compagnies ; mais ces dernières, qui se trouvaient lésées par les conventions de 1859, opposèrent une vive résistance et refusèrent de traiter. Seule la Compagnie de Paris à Lyon et à la Méditerranée accepta quelques lignes. Une nouvelle convention fut signée avec elle le 4 juillet 1860 et approuvée par une loi du 1er août de la même année. Un supplément de garantie de 31 millions lui fut accordé et son revenu réservé fut élevé à 376.000 francs.

En présence du mauvais vouloir des autres compagnies, le gouvernement fut obligé d'entreprendre lui-même les

(1) Duvergier, 1er-4 août 1860, p. 367.

travaux d'infrastructure et de nouveau il se fit autoriser à cet effet par une loi du 2 juillet 1861 (1) : « Le Ministre de l'agriculture, du commerce et des travaux publics, est autorisé à entreprendre les travaux de chemins de fer désignés ci-dessous » (article unique), suit une longue nomenclature de lignes. Pour n'énumérer que les plus importantes, citons celles du chemin de fer de ceinture de Paris (rive gauche) ; de Chateaulin à Landerneau ; de Napoléon-Vendée à la Rochelle ; de Louviers à la ligne de Rouen ; de Chaumont à Toul, etc. L'étendue de ces lignes, que le gouvernement était ainsi autorisé à construire, s'élevait à environ 1.300 kilomètres. Il entreprit immédiatement les travaux et les poursuivit avec activité de 1861 à 1863.

Durant cette période, des compagnies se formèrent pour solliciter la concession de ces lignes nouvelles. Elle leur fut donnée avec ou sans subventions, mais jamais on ne leur accorda de garantie d'intérêt. Ce fut là l'origine des compagnies des Charentes et de la Vendée. La première obtint 289 kilomètres et une subvention de 20 millions (2). La seconde se rendit également adjudicataire de 110 kilomètres et reçut une subvention de 2 millions (3).

Ajoutons pour être complet qu'une loi du 18 avril

(1) L. 2-5 juillet 1861 relative à l'exécution de plusieurs lignes de chemins de fer. Duvergier, 61, p. 360.
(2) Loi du 6 juillet 1862.
(3) Loi du 5 mars 1863.

1863 créa la compagnie des Dombes et lui accorda une subvention de 3.750.000 francs ; qu'une convention fut conclue (1) avec la compagnie Victor-Emmanuel dont une partie était comprise dans le territoire annexé à la France lors de la cession de la Savoie par l'Italie. On lui accordait une garantie d'intérêt de 4 1/2 0/0 sur un capital de 16 millions (2).

Tel était l'état des lignes de chemins de fer au commencement de l'année 1863. Les anciennes compagnies craignirent la concurrence des nouvelles et se décidèrent à traiter. De nombreuses concessions furent accordées, mais, les lignes à entreprendre étant presque toutes peu productives et d'un rendement incertain, de nouvelles conventions furent conclues. Elles modifiaient jusqu'à un certain point celles de 1859, mais sans en altérer le principe. Elles opéraient une nouvelle répartition des lignes entre l'ancien et le nouveau réseau et ajoutaient des chemins à ce dernier. Elles accordaient, sauf à la Compagnie du Nord, des subventions considérables : 288 millions pour les lignes concédées définitivement et 109 millions pour les lignes concédées éventuellement. Des clauses nouvelles étaient introduites pour leur paiement. L'État se réservait le droit de se libérer soit en seize termes semestriels égaux, soit en quatre-vingt-dix annuités représentant l'intérêt et l'amortissement du

---

(1) Elle fut approuvée par une loi du 27 mai 1863.

(2) Le capital était susceptible de s'élever à 66 millions après le percement du Mont-Cenis.

capital au taux de 4,50 0/0. Cette combinaison permettait au Gouvernement d'éviter un emprunt et échelonnait sur une longue période les dépenses afférentes à l'accroissement du réseau national.

Par suite du remaniement des réseaux, le capital sur lequel portait la garantie était en général augmenté et le chiffre du revenu de l'ancien réseau augmenté ou diminué suivant les cas.

Nous n'entrerons pas ici dans le détail des diverses conventions passées avec les compagnies de l'Ouest, de l'Est et du Midi. Qu'il nous suffise de dire que certaines améliorations dans les conditions du partage des bénéfices étaient stipulées au profit du Trésor et qu'une quatrième classe à prix relativement restreint était ajoutée au tarif des marchandises.

L'exposé général de la situation de l'empire publié en novembre 1863 fixe à 20.392 kilomètres l'étendue du réseau concédé, à 87.600.000 le capital nécessaire pour l'exécution de ce réseau, à 4.038.500.000 le capital garanti et à 368 millions le montant des subventions garanties par l'État et restant à payer, représentant 95 annuités de 16.854.000 francs.

La compagnie du Midi avait fait en 1861 des offres pour la construction de deux lignes, de Rodez à Montpellier et de Cette à Marseille. Le but de ces nouvelles voies était de faciliter les relations du Centre et du Sud-Ouest de la France avec le bassin de la Méditerranée et d'établir une communication directe entre les deux mers qui baignent le Sud de la France. Le projet du chemin de fer de Cette à Marseille par le littoral passionna toutes les populations du Midi. La question ainsi soulevée était d'autant plus grave qu'elle touchait au principe de la concurrence, la compagnie de Paris-Lyon-Méditerranée étant déjà concessionnaire d'une ligne de Cette à Marseille. Le gouvernement avec juste raison refusa d'admettre la possibilité de la concurrence entre les voies ferrées et. repoussa la demande de la compagnie du Midi. Le corps législatif partagea l'avis du ministre des travaux publics et ratifia sa décision. Ajoutons que d'ailleurs, afin d'éviter l'intrusion de la compagnie du Midi dans son champ d'action, celle de Paris-Lyon-Méditerranée avait consenti à donner certaines satisfactions à l'intérêt public.

La longueur totale des lignes concédées était, au 1er janvier 1865, de 21,000 kilomètres ; 19,435 appartenaient aux six grandes compagnies et le reste à des compagnies particulières. Les 19,435 kilomètres des grandes compagnies étaient ainsi répartis : 8,338 kilomètres pour l'ancien réseau et 11,047 pour le nouveau. La longueur totale des lignes en exploitation était à la même date de 13,370 kilomètres. Une nouvelle longueur de 500 kilomètres devait être terminée en 1865 et 1,300 kilomètres en 1866. A cette époque le total de l'étendue des lignes exploitées devait donc être de plus de 15,000 kilomètres.

Constitués de la sorte, l'ancien et le nouveau réseau

semblaient avoir atteint tout le développement nécessité alors par l'intérêt général et l'État paraissait avoir « donné satisfaction à la passion universelle et justifiée des grandes lignes de chemins de fer ».

Une idée nouvelle naquit alors au sein du gouvernement : celle de la constitution et de la création de lignes d'intérêt local construites à bon marché. « Ces chemins qui devaient avoir pour objet de relier les localités secondaires entre elles ou avec les grandes lignes décrétées (1) » furent institués par la loi du 12 juillet 1865. Les pouvoirs publics étaient fort éloignés de méconnaître à cette époque la nécessité d'ajouter de nouvelles lignes aux anciennes pour assurer à la France le rang que lui assigne l'importance de son commerce et de son industrie. La réforme de 1860, en renouvelant la vie économique du pays, avait créé partout des besoins nouveaux. Le gouvernement ne pouvait donc s'interdire, en 1865, de venir encore en aide à l'intérêt général.

Mais un temps d'arrêt était imposé aux concessions nouvelles pour permettre aux grandes compagnies d'achever ce qu'elles avaient entrepris. Il était peu opportun de décréter de nouvelles lignes qui ne pouvaient plus offrir aux capitalistes des placements avantageux, alors que, dans chaque réseau, des lignes d'une certaine importance restaient à exécuter. Ce qui préoccupait surtout le gouvernement, c'était la constitution de chemins

______

(1) Circulaire ministérielle.

secondaires devant faciliter les relations locales et rattacher successivement aux grandes artères les divers cen-
tres de circulation. Cette tâche ne pouvait incomber au
gouvernement seul ; elle semblait naturellement dévo-
lue aux départements et aux communes avec le concours
de l'État.

Ce fut là la pensée qui domina l'étude de la loi de
1865. Dans l'exposé des motifs et dans les rapports des
commissions le caractère de chemins économiques fut
nettement attribué à ces lignes. « Ces chemins, d'une
longueur limitée, s'étendant rarement au delà de trente
ou quarante kilomètres, étaient exclusivement destinés
à relier les localités secondaires aux lignes principales,
en suivant soit une vallée, soit un plateau et en ne tra-
versant ni faîtes de montagnes, ni grandes vallées (1),
points sur lesquels se trouvent généralement accumulés
les ouvrages les plus dispendieux. Ce n'est qu'en se
renfermant dans ces limites qu'il sera possible de réaliser dans la construction de ces nouvelles voies les conditions d'économie qui seules permettront aux départements d'en supporter les charges (2) ».

La loi de 1865 prenait de nombreuses précautions
contre la tentation que pourraient avoir les conseils
généraux d'empiéter sur les attributions du pouvoir
central, en créant, sous le nom de chemins d'intérêt
local, des lignes qui auraient fait double emploi avec

(1) Exposé des motifs.
(2) Circulaire ministérielle.

celles d'intérêt général et auraient pris une part de leur trafic.

Ce point ressort nettement des conclusions du rapport fait par le comte Le Hon à l'occasion de la loi. Ce qu'on avait cherché à empêcher, disait-il, c'était la création de « voies ferrées n'ayant pas une destination purement locale ; qui, au lieu d'être des affluents des grandes lignes, seraient venus leur faire concurrence, établir des communications plus directes et déranger ainsi l'équilibre des réseaux attribués aux grandes compagnies ».

L'un des caractères essentiels de la loi de 1865 était dans le concours des départements et des communes. L'intérêt local devait être démontré par les charges que s'imposaient les intéressés. Qui en effet pouvait mieux démontrer la nécessité d'un de ces chemins de fer que l'importance des ressources de tout genre que les localités auraient pu réunir pour son exécution ?

De son côté l'État ne pouvait rester étranger aux efforts qui allaient se produire ; il devait fournir sa part de la dépense. Dans un de ses articles la loi de 1865 disait que des subventions pourraient être accordées sur les fonds du Trésor. Le taux de ces subventions était gradué en sens inverse de l'importance du produit du centime additionnel au principal des quatre contributions directes. Il pouvait s'élever jusqu'à la moitié de la dépense que le traité d'exploitation laissait à la charge des communes et des départements intéressés.

Le gouvernement a libéralement accordé des subventions dans les limites du maximum accordé par la loi. Ce n'est qu'en 1873, et en raison des lourdes charges imposées à nos finances par les malheurs de la guerre, que ces subventions ont été réduites.

Ajoutons que les sages dispositions établies par la loi ont été souvent éludées. Les conseils généraux et les intéressés ont su trop souvent se dispenser de faire des sacrifices en modifiant le caractère des demandes de concession. Les chemins de fer d'intérêt local exigeant le concours des départements et des communes, on demanda partout des concessions d'intérêt général.

Nous devons encore signaler pour cette période le décret du 14 juin 1864 autorisant la construction d'une ligne de Chalons-sur-Marne à Orléans, mais aucune subvention ni garantie d'intérêt ne fut accordée à cette compagnie (1), ainsi que la convention du 31 mai 1865 concédant à la compagnie de l'Ouest la ligne de ceinture (rive gauche). En 1867 le seul fait à noter est la cession du Victor-Emmanuel à la compagnie de Paris-Lyon-Méditerranée (2).

L'année 1868 vit apporter de nombreuses modifications aux conventions de 1859 et 1863. La déclaration d'utilité publique d'un grand nombre de lignes et la formation du réseau d'intérêt local n'avaient pas encore satisfait les populations. Elles réclamaient de nouvelles

(1) Elle fut déclarée déchue en 1868.
(2) Loi du 27 septembre 1867, *B. L.*, 1867, 2ᵉ semestre, nᵒ 1530.

voies ferrées. Le gouvernement fut donc forcé, pour leur donner satisfaction, de recourir de nouveau aux grandes compagnies. Il se déclara disposé à donner des subventions à un certain nombre de lignes nouvelles qui venaient d'être déclarées d'utilité publique et devaient avoir un trafic peu rémunérateur. Les grandes compagnies craignant toujours de voir s'établir à côté d'elles des lignes concurrentes en acceptèrent la concession. C'est ainsi qu'intervinrent diverses conventions avec les compagnies de l'Ouest (1), de l'Est (2), de Paris à Lyon et à la Méditerranée (3), d'Orléans (4) et du Midi (5). 1.400 kilomètres étaient de la sorte concédés aux grandes compagnies, dont 900 à titre définitif.

L'État accordait à ces compagnies des subventions dont le montant était à peu près égal aux dépenses d'infrastructure. Leur paiement devait s'opérer tantôt en argent, tantôt sous la forme de travaux. Dans le premier cas l'acquittement devait avoir lieu en 16 termes semestriels à partir de 1870. Néanmoins le gouvernement pouvait à son gré transformer ces subventions en annuités ou exécuter lui-même l'infrastructure (6) et la

---

(1) Loi du 4 juillet 1868, *B. L.*,1868, 2e semestre, n° 1610.

(2) Loi du 11 juillet 1868, *B. L.*,1868, n° 1626.

(3) Loi du 18 juillet 1868, *B. L.*,1869, 1er semestre, n° 1699, et décret du 29 avril 1869.

(4) Loi du 26 juillet 1868, *B. L.*, 1868, 2e semestre, n° 1622.

(5) Loi du 10 août 1868, *B. L.*,1868, 2e semestre, n° 1642.

(6) Il ne pouvait employer ce dernier mode que jusqu'en 1870.

livrer ensuite aux compagnies (1). Le dernier paiement devait avoir lieu en 1877.

De nombreuses modifications furent en outre apportées à la composition des deux réseaux. On opéra de la sorte un groupement plus conforme à la situation géographique des chemins et on réalisa un progrès, en ce sens que la nouvelle répartition empêchait dans une certaine mesure « les détournements de l'un sur l'autre réseau au détriment de la garantie d'intérêt (2) ».

Ces nouvelles conventions eurent pour résultat forcé de modifier le montant du capital garanti. « Aussi ne se bornaient-elles pas à rectifier les chiffres des évaluations de dépenses de l'ancien et du nouveau réseau ; elles admettaient en outre qu'il pourrait être exécuté, en sus de ce maximum, de nouvelles dépenses de premier établissement soit sur l'ancien, soit sur le nouveau réseau, pendant un délai de dix ans, et que ces dépenses qui seraient contrôlées par le gouvernement en Conseil d'État, entraîneraient, si elles étaient faites sur l'ancien réseau, une augmentation du revenu réservé et, si elles étaient faites sur le nouveau, d'abord une augmentation du capital garanti, ensuite une augmentation du revenu réservé qui doit pourvoir à une partie des charges du nouveau réseau (3) ». A chaque compagnie on

(1) Ces dernières firent dans certains cas, à l'État, pour la construction de la plateforme, des avances remboursables en 16 termes semestriels.

(2) Picard, *Traité des chemins de fer*, t. I, p. 26.

(3) Aucoc, t. III, § 1228.

avait fixé un maximum de dépenses complémentaires.
Pour le Nord 60 millions, pour le Midi 30 millions,
pour l'Est 40 millions sur l'ancien réseau. L'Ouest et
l'Orléans pouvaient aller sur le nouveau réseau la première jusqu'à 124 millions, la seconde jusqu'à 22. Le
maximum fixé à la compagnie de Paris à Lyon et à la
Méditerranée était de 96 millions pour l'ancien et de
7 millions pour le nouveau réseau.

En outre de ces vingt-six lignes concédées aux grandes compagnies par les conventions que nous venons
d'étudier, une loi du 18 juillet 1868 classa 1,953 kilomètres de lignes nouvelles. Les concéder aux compagnies
précédentes eût été une faute ; c'eût été leur imposer
une charge au-dessus de leurs forces et les conduire à
une ruine certaine. Aussi des crédits furent-ils accordés
au ministre des travaux publics qui fut autorisé à entreprendre les travaux conformément aux prescriptions
de la loi de 1842. Certaines de ces lignes trouvèrent des
concessionnaires moyennant le paiement de subventions
en argent : telles celle des Charentes qui reçut 25 millions, celle de Vendée à laquelle on accorda 12 millions 1/2 (1).

L'année suivante une compagnie secondaire nouvelle
dite du Nord-Est se forma et obtint la concession de
298 kilomètres de lignes d'intérêt général dans les départements du Nord, du Pas-de-Calais et de l'Aisne (2).

(1) Aucoc, t. 3, § 1229. Thoviste, p. 75.
(2) Décret 22 mai 1869.

Une garantie d'intérêt de 5 0/0 pendant 50 ans lui était accordée et était supportée moitié par l'État, moitié par les départements intéressés.

L'année 1870, si funeste par ses événements, a laissé une trace particulière dans l'histoire des chemins de fer. Sans nous occuper maintenant des tristes suites de la guerre franco-allemande, sur lesquelles nous aurons à revenir, nous avons à signaler pour le début de cette année plusieurs lois ou projets d'une importance toute particulière.

Le 19 janvier (1) une proposition de loi fut déposée sur le bureau de la Chambre par M. de Soubeyran. Elle était relative au paiement des subventions allouées aux compagnies de chemins de fer et proposait de revenir au mode de libération des subventions en capital au lieu du paiement en annuités à long terme. Il devait, d'après son auteur, en résulter pour l'État une économie annuelle de 6,730,000 francs. A la suite de vifs débats le Corps législatif vota la proposition légèrement modifiée par divers amendements proposés par MM. Fould et Lejoindre.

Le 23 mars (2), M. Houssard et plusieurs de ses collègues proposaient une revision de la loi de 1865 sur les chemins de fer d'intérêt local ; mais leur projet n'aboutit pas, la discussion en ayant été ajournée sur la demande de M. Legros, ministre des finances.

(1) *Moniteur universel*, 2 février 1870.
(2) *Moniteur universel*, 3 mai 1870.

Le fait le plus important est le retour aux règles antérieures abandonnées depuis le commencement de
l'Empire. En matière de déclaration d'utilité publique
les pouvoirs du gouvernement sont considérablement
restreints (1). Il ne conserve plus que le droit d'autoriser la construction de lignes d'embranchement de
moins de 20 kilomètres, et encore, même en ce cas, une
loi était-elle nécessaire pour engager les finances de
l'Etat. « Tous les grands travaux publics, ...chemins
de fer....., entrepris par l'Etat ou par compagnies
particulières, avec ou sans péage, avec ou sans subsides
du Trésor, avec ou sans aliénation du domaine public,
ne pourront être autorisés que par une loi rendue après
enquête administrative.

« Un décret impérial, rendu en la forme des règlements d'administration publique et également précédé
d'une enquête, pourra autoriser l'exécution des canaux
et chemins de fer d'embranchement de moins de 20 kilomètres de longueur.

« En aucun cas les travaux dont la dépense doit être
supportée en tout ou en partie par le Trésor ne pourront
être mis à exécution qu'en vertu de la loi qui crée les
voies ou moyens, ou d'un crédit préalablement inscrit
à un des chapitres du budget (2) ».

Signalons encore deux enquêtes l'une parlementaire,
l'autre administrative qui, toutes les deux, ne purent

(1) Loi du 27 juillet 1870, *B. L.*;2e semestre 1870, n° 1832.
(2) Loi 27 juillet 1870, art. 1er.

être menées à bonne fin par suite de la guerre avec l'Allemagne. La première, nommée le 11 février 1870, devait principalement se livrer à une étude économique ; la seconde, instituée par une décision impériale du 2 mars, rédigea un questionnaire auquel les compagnies ne purent répondre.

Pour la fin de cette année il n'existe aucun acte intéressant à relater. On était alors en pleine crise au milieu des incertitudes de la guerre avec l'Allemagne. L'utilité des chemins de fer au point de vue de la défense nationale n'est certes plus à démontrer ; et tout autre peut-être aurait été le résultat de cette funeste campagne, si nous eussions pu tirer de notre réseau tous les avantages que nous étions en droit d'attendre de lui. Mais alors, par suite d'un manque absolu d'organisation, les moyens de mobilisation, de ravitaillement, nous avaient fait absolument défaut. On s'était avant tout préoccupé des questions de prospérité et de jouissance, mais on n'avait en rien pourvu à la sécurité. La question cependant paraissait avoir été entrevue et il semble que M. Marschal prévoyait ce qui devait arriver vingt-huit ans plus tard lorsqu'il s'écriait (1) : « Une nouvelle invasion aurait lieu très probablement par la même route et dans le même but que les précédentes. Elle serait tentée entre Metz et Strasbourg, aussi est-ce sur ce point que la Confédération germanique fait converger

____

(1) Séance du 26 avril 1842.

un réseau formidable de chemins de fer... Les dispositions hostiles des Allemands sont évidentes, ils ont qualifié leurs chemins de fer de lignes *agressives* ». La désastreuse guerre de 1870 a pleinement confirmé ces appréhensions et la vigoureuse et rapide concentration des troupes allemandes sur la frontière a prouvé que les voies ferrées servent par la vitesse à suppléer au temps qui fait souvent défaut pendant la guerre. La nécessité d'organiser les chemins de fer à ce point de vue spécial avait déjà été sentie par un ministre de l'Empire, le maréchal Niel, qui institua une commission centrale des chemins de fer dont, malheureusement, les travaux n'avaient pas encore abouti au moment de la guerre. Cette idée fut reprise par le général de Cissé. Une commission militaire supérieure des chemins de fer fut créée par décret du 14 novembre 1872. Elle fonctionne aujourd'hui d'une manière permanente et est composée presque entièrement avec l'élément militaire auquel viennent s'adjoindre quelques membres civils.

Nous ne croyons pas nécessaire d'entrer ici dans des détails sur la composition et le fonctionnement de cette commission. Les personnes qui désireraient faire une étude spéciale des chemins de fer au point de vue stratégique, pourraient consulter avec fruit une série d'articles de M. Tomyar parus en 1883 dans le journal « *L'armée territoriale* ».

En outre de ce point spécial la guerre avec la Prusse fit ressortir l'insuffisance de notre réseau. Nous avions bien, il est vrai, de grandes lignes partant de Paris et rayonnant vers nos frontières ; mais les voies transversales étaient réellement insuffisantes. Il était de toute nécessité d'en établir tant au point de vue stratégique qu'au point de vue économique. Ce motif seul aurait suffi alors pour attirer l'attention de l'Assemblée nationale sur notre régime des chemins de fer, mais d'autres considérations qui exigeaient alors une solution immédiate obligèrent l'Assemblée, dès le début de ses travaux, de s'occuper de cette grave question.

Le traité de Francfort, en nous enlevant l'Alsace et la Lorraine, modifia notre réseau de l'Est. La guerre fut cause d'une grande perturbation dans l'exploitation de nos voies ferrées. Les transports interrompus pendant plusieurs mois prirent, après la conclusion de la paix, un développement considérable qui donna lieu à un encombrement dans les gares. Le Gouvernement dut intervenir. Il fallut « examiner les mesures » à prendre en présence de cette crise. Les difficultés ne furent que passagères et les moyens employés pour y obvier ne soulevèrent que peu d'objections (1).

Un point plus important restait à résoudre ; il fallait se rendre un compte exact de la situation des chemins de fer ébranlée par les récents événements et étudier les mesures les plus propres à y porter remède.

(1) Voir les questions posées par MM. Jullien, député (*Journ. off.*, 14 juillet 1871) ; De Lacretelle et Arrazat (*Journ. off.*, 14 septembre 1871) ; ainsi que l'interpellation de M. Le Royer (*Journ. off.*, 15 décembre 1871.

Une commission de l'Assemblée nationale instituée dans ce but au mois de décembre 1871 commença une enquête sur l'état des voies de communication, les demandes de concessions de lignes nouvelles et en général sur toutes les questions relatives au régime de nos voies ferrées. Elle se mit à l'œuvre immédiatement et joua pendant plusieurs années un rôle des plus importants. Les travaux les plus remarquables de cette commission sont une série de rapports faits par M. Krantz sur les voies navigables en France, par M. Arthur Legrand sur les canaux de navigation aux Etats-Unis, par M. Dietz-Monnin sur l'application des tarifs (1), et par M. de Montgolfier sur le projet de loi relatif à la transformation de nombreuses concessions éventuelles en concessions définitives (2). Mais sans contredit l'ouvrage le plus considérable de cette période est le rapport de M. Cezanne (3) relatif à la création d'une ligne directe entre Calais et Marseille. L'auteur se basant sur les résultats obtenus en Angleterre et en Amérique y combattait le système de la concurrence en matière de chemins de fer et proposait le rejet du projet.

D'ailleurs les embarras financiers auxquels le Gouvernement avait à faire face ne permettaient pas à l'Assemblée nationale de prendre en considération les demandes nouvelles de concessions d'une certaine impor-

(1) 14 mars 1874.
(2) 12 décembre 1873.
(3) 3 février 1873.

tance ou les propositions dont le résultat aurait été d'engager au delà du possible les fonds du Trésor. C'est ainsi qu'elle s'opposa sur le rapport de M. Krantz et malgré la résistance de MM. Clapin et Pouyer-Quertier au rachat de la compagnie de l'Est dont une partie du réseau devait être cédée à l'Allemagne.

Par le traité de Francfort, 840 kilomètres concédés à la compagnie de l'Est, dont 464 appartenant à l'ancien réseau et 376 au nouveau, devaient être annexés à l'Empire allemand. Il était de toute justice d'indemniser la compagnie ainsi dépouillée. Mais sur quelles bases traiterait-on ? Le point était délicat; le droit de rachat prévu par le cahier des charges ne pouvant porter, nous l'avons dit, que sur la concession toute entière. L'idée de rachat ayant donc été écartée après une longue et vive discussion, le gouvernement conclut avec la compagnie de l'Est la convention suivante approuvée par une loi du 17 juin 1873 (1).

Le système des conventions de 1859 était maintenu; la compagnie renonçait à la concession des lignes situées sur les territoires annexés et recevait en échange : 1° la remise proportionnelle au nombre de kilomètres qu'elle abandonnait de sa dette d'avance de garantie ; 2° un titre de rente inaliénable de 20.500.000 francs représentant un capital de 325 millions de francs au taux de l'emprunt de 1871. Cette rente de 20.500.000 francs

____

(1) *B. L.*, 1ᵉʳ semestre, 1873, n° 139, p. 813.

inscrite chaque année au budget de l'Etat doit être payée à la compagnie de l'Est jusqu'en 1954 date d'expiration de sa concession et doit être ajoutée aux recettes du nouveau réseau jusqu'à concurrence de l'intérêt et de l'amortissement du capital de premier établissement des lignes abandonnées de ce réseau ; le surplus est ensuite réparti sur les recettes de l'ancien réseau. Ajoutons que la compagnie conservant la charge des capitaux dépensés pour les lignes cédées, le revenu réservé restait le même. La compagnie recevait en outre la concession de 308 kilomètres rattachés à son nouveau réseau.

Il ne nous paraît pas utile de nous arrêter aux lois du 15 juin 1872 et du 3 août 1875 qui, d'après un système bien vite abandonné, ont créé un petit réseau spécial composé de lignes situées dans les départements du Nord et de la Somme. La première a concédé à la compagnie du Nord les chemins de Monsoult à Amiens et de Cambrai à la frontière belge, mais en ne classant ces lignes ni dans l'ancien, ni dans le nouveau réseau. La seconde a agi de même pour les voies de Douai à Orchies et d'Orchies à la frontière belge. Ajoutons que ces lignes donnaient des revenus bien supérieurs à leurs dépenses ; depuis, elles ont été incorporées à l'ancien réseau.

L'Assemblée nationale d'ailleurs suivit en matière de chemins de fer la politique impériale, concédant, si elle le peut, les lignes nouvelles aux grandes compagnies et en, cas de refus de la part de ces dernières, à des compagnies secondaires. Ainsi l'ancien système prévalut dans la loi du 24 mars 1874 qui ajoute 677 kilomètres au réseau des grandes compagnies et à celui des Charentes, dans la loi du 3 juin 1875 qui concède à la compagnie de Paris-Lyon-Méditerranée vingt lignes nouvelles d'une longueur totale de 835 kilomètres, dans la loi du 4 août 1875 qui charge de l'exploitation du chemin de grande ceinture de Paris un syndicat des grandes compagnies et dans les lois des 23, 30 et 31 décembre 1875 qui sanctionnent des conventions avec le Midi, le Nord et l'Ouest. Mais la même année elle avait admis la formation de compagnies nouvelles : celle des chemins de Flandre et de Picardie par une loi du 6 juillet ; et celle des chemins d'Angoulême à Marmande et d'Alais au Rhône (lois des 2 et 4 décembre 1875).

Parvenus à la fin de cette année 1875 que nous avons fixée comme terme à notre seconde période de l'histoire, il ne sera pas sans intérêt de jeter un coup d'œil rétrospectif sur l'ensemble de ces quinze années que nous venons d'étudier. Notre réseau avait reçu un développement considérable. Il comprenait 4.382 kilomètres de chemins de fer d'intérêt local (1) dont 1804 exploités, et 26.298 kilomètres de chemins d'intérêt général dont 19.792 en exploitation (2).

A cette date, en dehors des six grandes compa-

---

(1) Un mouvement considérable en ce sens s'était produit surtout à partir de 1871.

(2) Ces chiffres sont empruntés à M. Aucoc, *loc. cit.*, p. 285.

gnies (1), il en existait 35 petites dont 8 seulement avaient la concession d'une étendue supérieure à 100 kilomètres.

Les grandes compagnies seules étaient soumises au régime des conventions de 1859. Les autres sollicitaient une constitution analogue et leur situation embarrassée allait nécessiter l'intervention du Gouvernement et être la source de nombreuses et graves difficultés.

(1) Le total de leurs concessions s'élevait à 20.000 kilomètres.

CHAPITRE III

Nous entrons maintenant dans une nouvelle phase de
l'histoire des chemins de fer caractérisée par le rachat
d'un grand nombre de lignes secondaires. C'est une période d'expérimentation et de tâtonnement accompagnée
de la fièvre du progrès et d'une ardeur enthousiaste
pour la création immédiate d'un réseau illimité.

Le pays venait d'envoyer une nouvelle représentation
au Parlement et les doctrines qui s'étaient fait jour à
l'Assemblée nationale, reparaissent triomphantes à la
Chambre des députés. En présence d'idées économiques
nouvelles, la guerre est déclarée aux grandes compagnies. Pour que l'Etat puisse recouvrer toute sa liberté
d'action il faudrait recourir au rachat et à l'exploitation
par l'Etat ; tels sont les principes de la politique financière de la République. « L'Etat doit se faire industriel,
entrepreneur et commerçant, pour faire profiter le commerce et l'industrie de ses entreprises désintéressées.
A la suite du rachat, l'Etat devra d'abord se livrer à la
construction de lignes nouvelles, puis à l'exploitation
des lignes construites. Si le rachat ne peut être immé-

diatement réalisé, l'Etat doit conserver entre ses mains cette arme terrible, sans cesse suspendue, comme une épée de Damoclès, sur la tête des grandes compagnies » (1).

La conséquence de ces doctrines est : 1° le rachat par l'Etat d'un certain nombre de lignes et l'établissement d'un réseau d'Etat ; 2° l'adoption d'un vaste programme de grands travaux publics auquel M. de Freycinet a attaché son nom ; 3° une opposition très vive de la part de la Chambre des députés aux conventions nouvelles préparées par le gouvernement avec les grandes compagnies.

Si le Parlement de 1876 a la responsabilité du rachat des lignes en déconfiture, la responsabilité première de cette opération désastreuse remonte aux Assemblées précédentes, soit au corps législatif de l'Empire qui a accordé des concessions à la compagnie des Charentes et à celle de la Vendée, soit à l'Assemblée nationale qui a concédé des lignes à la compagnie du Nord-Est, et à celle de Lille à Valenciennes. Ces voies, depuis quelques années, éprouvaient toutes des embarras et vers la fin de l'année 1875 se trouvaient hors d'état d'achever la construction et d'assurer l'exploitation des lignes qui leur avaient été concédées. A côté de ces compagnies, d'autres s'étaient constituées, avec l'assentiment des conseils généraux, à l'abri de la loi du 12 juillet 1865 respectée dans son texte mais violée dans son esprit.

____

(1) G Graux, *Les conventions avec les grandes compagnies.*

Ces dernières créées soit dans un but de spéculation, soit en vertu de l'erreur économique qui consiste à croire que la concurrence est possible en matière de chemins de fer, poursuivaient la formation d'une ligne de Dunkerque à Perpignan et d'une autre de Paris à Marseille à l'aide de tronçons de voies ferrées reliés entre eux de la Manche aux Pyrénées. Le Gouvernement, par des décisions prises après avis du Conseil d'État, arrêta plusieurs de ces entreprises ; pour d'autres, une loi les faisant sortir du réseau d'intérêt local les classait comme lignes d'intérêt général. Mais ce n'était là qu'enrayer le mal ; un certain nombre de concessions subsistaient qui forcément devaient aboutir à une faillite.

La situation financière très difficile, en présence de laquelle s'était trouvée l'Assemblée nationale, s'était beaucoup améliorée. Les excédents budgétaires étaient considérables et plusieurs annuités inscrites au budget allaient être bientôt disponibles, aussi le Gouvernement pensa-t-il d'abord à accorder une garantie d'intérêt et de nouvelles concessions à certaines de ces compagnies menacées de ruine.

A la fin de 1875 M. Caillaux, Ministre des travaux publics, avait conclu avec la compagnie des Charentes et avait soumis à l'Assemblée nationale une convention en ce sens. Mais la législature prit fin sans que la combinaison ait abouti. L'année suivante la situation de cette compagnie et de plusieurs autres devenant de plus en plus critique (1), M. Christophe, Ministre des travaux publics déposa, sur le bureau de la Chambre, un projet de loi tendant à approuver une convention avec la compagnie d'Orléans (2). Aux termes de cette convention, la compagnie incorporait à son réseau 877 kilomètres de chemins exploités ou à construire, d'intérêt local ou d'intérêt général, concédés antérieurement aux compagnies des Charentes, de la Vendée, d'Orléans à Rouen, de Bressuire à Saumur. La concession de 464 kilomètres de lignes nouvelles était faite par la même convention à la compagnie d'Orléans.

Ce projet rencontra une vive résistance dans la commission de la Chambre chargée de l'étudier et donna lieu à un rapport très étendu et très intéressant de M. Richard Waddington (3) dans lequel il était combattu comme trop onéreux pour l'État. Étendant le champ de ses investigations et généralisant ses critiques, le rapporteur étudiait les conventions de 1859, le système de la garantie d'intérêt, discutait l'insuffisance du contrôle de l'État dans l'établissement des tarifs et son manque d'action dans la construction et l'exploitation des chemins de fer. Il concluait au rejet de la convention et invitait la Chambre à voter une résolution demandant au Ministre de « déposer, dans le plus bref délai, un

____

(1) Pour la compagnie des Charentes, l'insuffisance annuelle des produits d'exploitation atteignait 4 à 5 millions pour une longueur de 500 kilomètres livrés à la circulation.

(2) 1ᵉʳ août 1876.

(3) *Journal officiel*, 28 février et 1ᵉʳ mars 1877.

projet de loi ayant pour objet d'assurer le service des lignes comprises dans la convention et de celles qui les complétaient, soit par la constitution de réseaux distincts et indépendants, soit au moyen du rachat par l'État et de l'exploitation par des compagnies fermières, en appliquant, comme base du rachat, les dispositions de l'article 12 de la loi du 23 mars 1874... » La résolution ajoutait : « Le Ministre tiendra compte du double devoir qui incombe à l'État d'assurer à l'avenir la construction et l'exploitation des lignes reconnues nécessaires et de faire disparaître les inégalités et l'arbitraire des tarifs (1) ». C'était la nouvelle doctrine économique qui s'affirmait et se manifestait par un acte à la Chambre des députés.

La discussion fut vive et approfondie : elle prit un développement extraordinaire et occupa sept longues séances. Ouvert le 12 mars 1877 le débat ne fut clos que le 22 du même mois (2). Après la lecture du rapport de M. Waddington, M. Allain-Targé prit la parole pour faire le procès des grandes compagnies et mettre en relief l'impuissance des petites. Il se montra partisan du rachat partiel par l'État et de la création d'un réseau limité aux lignes en déconfiture. On entendit ensuite M. Lecesne qui proposa le rachat total et l'exploitation par l'État des lignes les plus riches. Finalement, après une énergique défense de MM. Léon Say, Ministre des

(1) Voir Picard, *Chemins de fer français*, t. III, p 464.
(2) *J. off.*, 13, 14, 16, 18, 20, 21 et 23 mars 1877.

finances, et Christophe, la Chambre repoussa la proposition de rachat général par 235 voix contre 195 et le projet de résolution de M. Allain-Targé auquel s'était rallié le Gouvernement triompha par 231 voix contre 192. La convention était renvoyée à la commission pour être remaniée sur les bases suivantes : 1° pour les lignes qui cesseraient d'être exploitées par leurs premiers concessaires, rachat au prix réel, après déduction des sommes versées à titre de subventions ; 2° pour les lignes à grand trafic d'une même région, concentration entre les mains d'une même administration. Par ce moyen on empêcha une concurrence ruineuse pour le Trésor et pour les concessionnaires eux-mêmes ; 3° sur toute les lignes, établissement de garanties permettant à l'État d'exercer une autorité permanente et sérieuse sur les tarifs et sur le trafic ; 4° reconnaissance du droit pour les pouvoirs publics d'ordonner à tout moment la construction de lignes nouvelles et de les joindre au réseau de la région, sans toutefois pouvoir porter atteinte à la situation financière assurée à la compagnie par les contrats.

Comme sanction « pour le cas où la compagnie d'Orléans refuserait de traiter sur les bases qui viennent d'être indiquées, constitution d'un système grand réseau de l'Ouest et du Sud-Ouest exploité par l'Etat ». Telle est l'origine du réseau de l'Etat, à la formation duquel nous allons bientôt arriver.

A la suite de ce vote de la Chambre, le Ministre signa

avec les compagnies des Charentes et de Vendée des conventions portant rachat des lignes concédées. D'un commun accord une commission arbitrale fut nommée. Elle était composée de trois membres et avait pour mission d'évaluer l'indemnité à payer. Cette indemnité devait être fixée sur les bases du prix de premier établissement, déduction faite des subventions. D'autres compagnies, dont la situation était également fort précaire, s'adressèrent de même au Ministre qui fut amené ainsi à conclure d'autres rachats dans les mêmes conditions : c'étaient les lignes de Bressuire à Poitiers, de Saint-Nazaire au Croizic, d'Orléans à Châlons, de Clermont à Tulle, etc., et diverses compagnies d'intérêt local de Nantes et de Maine-et-Loire.

Au mois de janvier 1878 M. de Freycinet, Ministre des travaux publics, se trouva ainsi amené à déposer sur le bureau de la Chambre un projet de rachat s'étendant à 2.603 kilomètres et occasionnant une dépense de 330 millions comprenant à la fois le prix des lignes construites et l'achèvement des lignes en construction. Une question restait à trancher : celle de l'exploitation. L'article 4 chargeait provisoirement le Ministre des travaux publics d'assurer l'exploitation de ces lignes acquises par l'Etat, à l'aide des moyens les moins onéreux pour le Trésor, en attendant qu'il fut statué sur leur régime définitif. En outre, afin de faciliter la transition, les concessionnaires devaient continuer le service pendant le délai nécessaire, sans toutefois qu'il excédât six mois.

La discussion fut vive devant les Chambres, surtout au Sénat, notamment sur le point relatif à l'exploitation provisoire par l'Etat. Néanmoins elle fut votée le 11 mai 1878 à la suite d'une déclaration du Ministre contre le rachat total des chemins de fer (1). Deux décrets du 25 mai 1878 (2) ont organisé cette exploitation provisoire et créé une administration spéciale presque analogue à celle des compagnies concessionnaires. Dans les années qui suivirent, de 1878 à 1881, diverses lois ont autorisé le rachat par l'État de quatorze lignes nouvelles comprenant 759 kilomètres en exploitation et 840 en construction (3).

A la question de rachat s'en joignait une autre, tout aussi importante et qui était comme le corollaire de la première : celle du solde des indemnités dues aux compagnies rachetées. Une loi, celle du 11 juin 1878, pourvut à cette nécessité, créa la rente 3 0/0 amortissable (4) et ouvrit au ministère des crédits de 270 millions pour les indemnités dues et de 60 millions pour l'achèvement des lignes pendant l'exercice 1878. Les émissions ne devaient avoir lieu qu'au fur et à mesure des besoins, et le délai d'amortissement était fixé à 75 ans.

Les questions relatives aux voies ferrées étaient à

(1) Chambre des députés, séances des 8, 9, 10, 15, 16 mars 1878. Sénat, séances des 8, 10, 11 mai.

(2) *B. L.*,2ᵉ semestre, 1878, nᵒ 308, p. 27 et 31.

(3) Aucoc, *loc. cit.*, t. III, p. 293 et 294, note 1.

(4) Ce type était calqué sur celui des obligations 3 0/0 des grandes compagnies. *B. L.*, 1ᵉʳ semestre, 1878, nᵒ 396, p. 828.

cette époque et plus peut-être que maintenant à l'ordre
du jour, celle du rachat avait vivement occupé l'attention du public. Un grand nombre d'autres étaient soulevées et étudiées dans les commissions parlementaires.
Ainsi au Sénat une commission était chargée de « re-
chercher les bases sur lesquelles il y avait lieu de compléter l'assiette du réseau des chemins de fer d'intérêt
général, les voies et moyens les plus propres à en assurer
l'exécution et les simplifications et améliorations à apporter aux tarifs des marchandises ». En même temps des
commissions techniques et régionales (1) dressaient le
tableau des voies ferrées qui restaient à établir. Ces diverses commissions saisirent du résultat de leurs études
le Conseil général des Ponts et Chaussées, lequel conclut
à l'établissement d'un réseau complémentaire devant
présenter un développement de 9.581 kilomètres.

Eclairé par ces divers travaux, M. de Freycinet déposa le 4 juin 1878 un projet de loi dans l'exposé des
motifs duquel il exprimait la pensée qu'il y avait lieu
de maintenir le système des conventions entre l'État et
les grandes compagnies, de charger ces dernières d'une
partie des travaux des nouvelles lignes et de faire entrer ces lignes dans leur réseau.

Faisant l'application de cette doctrine, les 15 et 22 novembre de la même année il soumit à la Chambre des
députés un nouveau projet de convention avec les compagnies du Nord et de l'Ouest qui fut mal accueilli par

(1) Instituées par M. de Freycinet le 12 janvier 1878.

la commission de la Chambre et ne reçut pas de suite (1).

En même temps le Parlement s'occupait d'un immense programme de travaux publics préparé par MM. Dufaure, Léon Say, Gambetta, Freycinet et auquel ce dernier devait donner son nom. La déclaration d'utilité publique avait été prononcée en 1875 pour plus de 3,000 kilomètres de voies ferrées et il était de toute nécessité de faire passer dans le réseau d'intérêt général un certain nombre de lignes d'intérêt local. Un classement des lignes à construire était proposé par le Ministre qui évaluait à 5,000 kilomètres les lignes nouvelles et à 2,500 kilomètres les voies d'intérêt local à incorporer dans le réseau général. Ces chemins dont le classement était demandé au Parlement satisfaisaient tous à l'une des conditions essentielles suivantes : 1° être utiles à la défense du pays ; 2° établir une communication plus directe entre deux parties de réseau d'une certaine étendue ; 3° rattacher un centre de quelque importance avec le système général des voies ferrées ; 4° faciliter les relations dans un intérêt politique ou administratif (2).

Ce projet plusieurs fois modifié devint la loi du 17 juillet 1879 dont nous allons maintenant étudier les caractères principaux.

« La loi du 17 juillet 1879, dit M. Aucoc (3), il faut

(1) Ces conventions constituaient un troisième réseau avec des lignes peu productives et d'intérêt local.

(2) Picard, *Les chemins de fer français*, t. III. p. 638.

(3) Ouvrage cité, t. III, § 1341.

bien le remarquer, a un caractère tout spécial. On ne reconnaît qu'un seul acte analogue dans notre législation sur les chemins de fer : c'est la loi du 11 juin 1842 qui a déterminé les grandes lignes du réseau français à son début, et qui réglait en même temps les moyens d'exécution. Celle de 1879 n'est qu'un simple programme qui ne dispense pas d'accomplir les formalités exigées pour la déclaration d'utilité publique des travaux ».

Cette loi ne détermine ni l'ordre, ni le délai dans lequel devront être construites les lignes, ni les ressources affectées à l'exploitation de chacunes d'elle, ni leur mode d'exploitation. Elle ne décide que leur création et n'est en réalité qu'un tableau. Mais une erreur, une faute considérable a été commise. Ce tableau aurait dû être définitivement arrêté dès le premier jour ; il n'aurait pas dû croître à l'infini pour donner satisfaction à des demandes dont la légitimité n'aurait pas dû empê-cher l'ajournement. Dans son rapport du 2 janvier 1878 M. de Freycinet limitait à 5.000 kilomètres l'étendue des lignes nouvelles, dans son projet déposé le 4 juin 1878 à la suite du travail des commissions techniques, ce chiffre s'élevait à 6.200 kilomètres et finalement était porté à 8.827 kilomètres par le Parlement, sans tenir compte des lignes réclamées par des amendements et recommandées au Ministre des travaux publics.

« A vrai dire on s'était un peu illusionné sur l'étendue de la dépense dans laquelle on allait s'engager. M. de Freycinet avait calculé que le kilomètre de che-

min de fer ne coûterait pas à construire une somme supérieure à 200.000 francs ». Sur ce point l'avis des per-
sonnages compétents était très variable ; le Conseil supérieur des Ponts et Chaussées avait estimé la dépense
à 250.000 francs, mais admettait un rapprochement
avec le chiffre du Ministre si l'on consentait à faire quelques sacrifices tels que diminution du rayon dans les
courbes, pentes plus fortes, utilisation, dans les cas où
ce serait possible, du « sol des routes de terre ».
M. Varoy allait encore plus loin et exposa des chiffres
plus optimistes encore dans son rapport devant le Sénat.

Pour faire face aux dépenses des lignes reconnues
d'utilité publique par les lois des 16 et 31 décembre
1875, il avait suffi de l'émission des obligations trente-
naires dont la création avait été autorisée par la loi du
29 décembre 1876. Pour faire face au rachat des dix
lignes formant 2.603 kilomètres, évaluées à 330 millions
par les commissions arbitrales, et pour se créer les ressources nécessaires au plan Freycinet, M. Léon Say
imagina la création de rentes 3 0/0 amortissables et la
loi du 11 juin 1878 autorisa la création de ce nouveau
titre. L'émission faite en vertu du décret du 16 juillet
1878 permit d'entreprendre aux frais du Trésor de nombreuses lignes (1).

Malgré ces belles espérances, le Gouvernement ne
prétendait pas cependant faire supporter uniquement à
l'Etat le poids trop lourd de l'exécution des lignes du

(1) Graux, p. 20.

troisième réseau, et,lors de la discussion à la Chambre, il avait annoncé son intention de faire appel aux grandes compagnies. Celles-ci devant bénéficier des voies nouvelles, il était bien juste de les faire concourir dans une certaine mesure à leur exécution. Mais où une erreur fut commise, c'est dans la rapidité avec laquelle on s'engagea « dans les travaux avant d'avoir arrêté un système ». Entraîné par une ardeur enthousiaste on se mit immédiatement à l'œuvre. On termina les travaux des lignes projetées en 1875 ; on racheta diverses lignes d'intérêt général à des compagnies dont la situation financière était des plus embarrassées ; puis on racheta encore un certain nombre de voies d'intérêt local qui furent incorporées au réseau d'intérêt général. Toutes celles de ces lignes qui se trouvaient comprises dans le réseau de l'Etat lui furent incorporées. Pour les autres, ou bien on les confia provisoirement aux grandes compagnies par diverses conventions (1), ou bien on organisa une exploitation en régie (2).

Pendant toute cette période, le Gouvernement ne perdait pas de vue le but principal qu'il s'était proposé et continuait à poursuivre les négociations qu'il avait entreprises avec les grandes compagnies. Une question particulièrement délicate était à résoudre. La situation

---

(1) Par exemple la ligne de Lérouville à Sedan fut confiée à la compagnie de l'Est.

(2) 150 kilomètres de voies situées dans l'Orne et les Pyrénées-Orientales furent ainsi exploités.

géographique des deux réseaux de l'État et de l'Orléans, la position respective de leurs lignes, étaient cause d'une sorte de lutte entre ces deux compagnies et occasionnaient une concurrence fort regrettable. Dans le but de porter remède à l'état de choses, M. Varroy, Ministre des travaux publics, déposa sur le bureau de la Chambre une convention avec cette dernière compagnie. « Cette compagnie consentait au rachat amiable de toutes les lignes de son réseau situées à l'Ouest de la ligne de Paris à Bordeaux moyennant une annuité calculée d'après l'article 37 du cahier des charges et la loi de 1874. Elle se chargeait de l'administration provisoire, pour le compte de l'État et dans des conditions analogues à celle des récents traités d'affermage, des lignes appartenant à l'État et qui étaient situées à l'est de la ligne de Paris à Bordeaux. L'État garantissait en cas de rachat avant un délai de 15 ans un revenu égal à celui que le rachat immédiat eut procuré à la compagnie (1) ». Renvoyé devant la commission des chemins de fer ce projet y subit un échec. M. Baïhaut déposa un rapport proposant le rachat de la totalité de l'Orléans et repoussant la proposition de M. Varroy. En faveur du rachat total, le rapporteur faisait des assertions très contestables ; mais avant que ces conclusions n'aient été discutées, des protestations s'étaient élevées de tous côtés. Aux sessions d'avril et d'août, beaucoup de conseils généraux se prononçaient contre le rachat total du réseau d'Orléans, et

____

(1) Graux, *loc. cit.*

les Chambres de commerce, qui avaient demandé des réformes, suivirent le mouvement de protestation parti de Lille, Bordeaux, Lyon et Nancy (1). M. S. Carnot, devenu Ministre des travaux publics, retira le projet de convention avec l'Orléans pour calmer l'émotion produite par le projet du rachat intégral (2) du réseau de cette compagnie.

La commission fit à nouveau plusieurs tentatives pour faire prévaloir ses idées (mois de juin 1880, 27 décembre 1880, 5 juillet 1881); mais ce fut en vain, elle échoua devant l'énergique résistance du Ministre des travaux publics. « L'exploitation par l'État conserva le caractère provisoire que lui avait assigné, dès l'origine, M. de Freycinet (3) », et l'exploitation par l'État fut continuée. Appelé une seconde fois au ministère, M. Varroy fit des efforts pour donner une solution au problème. C'est dans ce but qu'il chercha à conclure de nouvelles conventions et soumit le 22 mai 1882, à la Chambre des députés, une convention passée avec l'Orléans. Les caractères principaux du nouveau contrat étaient la « concession à la compagnie d'un petit nombre de lignes en échange des chemins qu'elle rétrocédait à l'É-tat (4); l'affermage à la compagnie (5) de 320 kilomè-

---

(1) Voir les considérants de la Chambre de Nancy dans la thèse de M. Perrette. Paris, 1896.

(2) G. Graux, *loc. cit.*

(3) G. Graux, *loc. cit.*

(4) Cette clause visait le remaniement des réseaux et principalement celui de l'Etat.

(5) Jusqu'au 31 décembre 1899.

tres de lignes et l'exploitation de ces chemins (1). En outre une subvention de 160 millions environ était accordée à la compagnie, mais les taxes de voyageurs étaient abaissées de 7 0/0 et la part de l'État dans les bénéfices considérablement augmentée.

Peut-être la convention passée par M. Varroy aurait-elle eu quelques chances d'aboutir, si une clause spéciale portant suspension du droit de rachat pendant la durée du bail d'affermage n'y avait été insérée. La commission trouva excessif cet avantage accordé à la compagnie et conclut en conséquence au rejet de la convention qui fut plus tard retirée par M. Hérisson, successeur de M. Varroy.

Ajoutons, pour compléter l'exposé des travaux parlementaires dans ces dernières années, une loi du 11 juin 1880 qui apporta des modifications à celle de 1865 sur les lignes d'intérêt local et régla d'une manière définitive la situation de certaines voies ferrées sur routes, dites tramways, mais dont nous n'avons pas à nous occuper ici.

A cette époque le développement total du réseau y compris les lignes déclarées d'utilité publique, concédées ou non, était de 32.797 kilomètres et de 40.259 en y comptant les voies classées mais non encore déclarées d'utilité publique.

---

(1) D'après le contrat le Ministre avait une autorité directe sur les tarifs.

(2) Aucoc, *loc. cit.*, t. III, p. 307.

24.460 kilomètres étaient concédés et 21.492 seulement exploités.

En ce qui concerne les chemins de fer de l'État, 2.611 kilomètres, dont 1.804 en exploitation, étaient gérés par l'État lui-même, tandis que 442 kilomètres étaient exploités pour son compte soit par les grandes compagnies, soit en régie.

La solution du problème était loin d'avancer. La question passionnait les esprits, et la discussion du projet de budget pour 1883 porta principalement sur le régime des chemins de fer ; elle fut « comme la préface du débat de 1883 sur les conventions ». Elle porta sur l'étendue du programme Freycinet, sur son évaluation et sur les moyens d'en poursuivre la réalisation. On reconnut que la situation financière demandait une extrême prudence et « qu'il importait de prendre le plus tôt possible un parti définitif au sujet du régime général des chemins de fer ».

Dès le 7 octobre 1882 le Ministre des travaux publics avait institué une commission extra-parlementaire appelée à :

1° Discuter la question de l'exploitation par l'État ou l'industrie privée et la revision du cahier des charges.

2° Elaborer une réforme de la tarification.

3° Etablir « avec précision les conditions dans lesquelles s'effectuerait au besoin la reprise des concessions ».

Aucune consécration ne fut donnée aux travaux de cette commission.

CHAPITRE IV

QUATRIÈME PÉRIODE : DES CONVENTIONS
DE 1883 A NOS JOURS.

Dans sa déclaration lue aux Chambres le 22 février
1883, le Gouvernement informait le Parlement « de l'ouverture de négociations avec les grandes compagnies
de chemins de fer et de son ferme espoir qu'il en sorti-
rait des conventions équitables, respectueuses des droits
de l'Etat, et de nature à faciliter l'exécution des grands
travaux publics, sans charger à l'excès notre crédit ».
Fidèle à ses promesses, le Ministre des travaux publics
d'alors, M. Raynal, déposait les 11, 28 et 17 juillet de
la même année, sur le bureau de la Chambre des députés, six conventions conclues avec les compagnies
de Lyon, du Nord, du Midi, de l'Est, d'Orléans et de
l'Ouest. Ces conventions, qui constituent le régime actuel
des six grandes compagnies, ont, au point de vue de
l'extension du réseau et des rapports financiers de l'Etat
avec les compagnies, une importance considérable.
Elles ont modifié profondément le système de 1859 que
les conventions de 1863, 1868 et 1875, avaient laissé
subsister presque entièrement.

Le but principal de ces nouvelles conventions était

d'assurer la continuation de la réalisation du programme Freycinet. Et tout d'abord, pour arriver à ce but, de nombreuses et importantes concessions soit fermes, soit éventuelles, étaient données aux compagnies (1) qui s'engageaient en outre à accepter la concession de 1,610 kilomètres de lignes nouvelles à désigner par l'administration. Le choix de cette dernière était sur ce point complètement libre et c'était à titre consultatif seulement que la compagnie était entendue. Par exception, diverses conventions intervinrent dans lesquelles il fut décidé avec le Paris-Lyon-Méditerranée que ces lignes seraient déterminées d'un commun accord entre les parties contractantes; avec l'Est qui s'engageait à recevoir purement et simplement ces lignes, mais seulement jusqu'à concurrence d'un certain maximum.

Le total kilométrique de ces voies nouvelles, joint aux concessions éventuelles et définitives, s'élevait à environ 8,500 kilomètres. Mais à ce chiffre nous devons ajouter certaines concessions gratuites par échange et incorporation de lignes d'intérêt local ou appartenant à des compagnies secondaires. Un abandon gratuit de 1,990 kilomètres de lignes construites ou à peu près terminées était fait par l'État aux compagnies. Le Gouvernement s'engageait à livrer ces voies en état de réception définitive, mais les compagnies devaient ou bien fournir le matériel nécessaire à l'exploitation, ou bien racheter à

____

(1) 6.900 kilomètres dont 5.900 à titre définitif et 1.000 à titre éventuel. Picard, t. VI, p. 90.

dire d'experts le matériel de l'État. C'est en exécution de semblables contrats que les compagnies de l'Est et de l'Ouest ont reçu la cession gratuite, la première de 696 kilomètres, la seconde de 870.

Le réseau des grandes compagnies est ainsi augmenté en 1883 de 12.300 kilomètres comprenant les cessions gratuites, les concessions nouvelles, les rachats, incorporations et échanges de lignes. La concession de toutes ces voies nouvellement incorporées doit expirer à la même date que celle des lignes antérieures, c'est-à-dire suivant les compagnies de 1950 à 1960 (Nord, 30 décembre 1950 ; Est, 29 novembre 1954 ; Ouest et Orléans, 31 décembre 1956 ; Paris-Lyon-Méditerranée, 1958 ; Midi, 31 décembre 1960). La plupart des lignes classées se trouvaient donc ainsi concédées. Un peu plus de 2.000 kilomètres seulement étaient laissés en dehors des conventions.

La presque totalité des travaux des nouvelles lignes était mise à la charge des compagnies qui s'engageaient à les exécuter dans un délai variable : 5 ans à partir de l'approbation des plans parcellaires pour les lignes dont les compagnies exécuteraient l'infrastructure (1) ; dix-huit mois pour les voies dont l'État livrait l'infrastructure et, pour les lignes dont les compagnies n'avaient qu'à achever l'infrastructure, le délai de 5 années était réduit dans le rapport des dépenses restant à faire avec

(1) Pour la compagnie du Nord ce délai était réduit à 4 années.

le montant des dépenses faites ou à effectuer à partir de la remise des travaux déjà exécutés. Comme sanction de cette clause du contrat, il était stipulé qu'en cas de retard les compagnies devraient payer par kilomètre et par année une indemnité de 5.000 francs qui s'ajoutait à la contribution qu'elles apportaient pour l'exécution de ce réseau. En cas de force majeure du reste, elles n'encouraient pas cette pénalité, et, dans le cas de force majeure, nous devons comprendre les difficultés que la compagnie éprouverait à réaliser les fonds nécessaires à l'exécution des travaux par suite de la situation du marché financier (1).

Les voies nouvelles devaient être d'un bien faible rendement. Il n'était pas assuré que leurs recettes couvrissent les frais d'exploitation et en tout cas elles ne couvriraient certainement pas l'intérêt des capitaux. Comment, dans ces conditions, demander un secours pécuniaire aux compagnies, alors surtout que l'on voulait obtenir d'elles des améliorations dans les tarifs. De cette situation dérivent les conditions financières établies par les conventions de 1885 pour l'exécution des lignes concédées. L'État prend à sa charge les frais d'établissement des nouvelles lignes, mais les compagnies s'engagent à contribuer à la superstructure pour

---

(1) Pour les compagnies du Nord et du Midi aucune pénalité n'était prévue, l'infrastructure des lignes du Midi étant construite par l'Etat et en ce qui concerne la ligne du Nord, toutes les dépenses étant supportées par la Compagnie.

25.000 francs par kilomètre. Elles doivent en outre fournir à leurs frais le matériel roulant ainsi que le mobilier et l'outillage des gares.

Aujourd'hui d'après ces mêmes conventions les compagnies exécutent, dans la limite d'un maximum fixé d'avance, les travaux aux frais et pour le compte de l'État ; elles ne concourent plus à l'établissement de ces lignes pour une somme ferme préalablement déterminée d'un commun accord. Ce sera donc l'État qui indiquera l'ordre dans lequel les travaux seront entrepris par les compagnies. Il pourra même les faire exécuter par ses ingénieurs, s'il ne trouve pas acceptables les évaluations qui lui sont fournies par celles-ci.

Restait à statuer sur deux catégories de lignes. Nous voulons parler des voies commencées et des voies cédées gratuitement par l'État. Pour les premières, il fut convenu qu'elles seraient remises aux compagnies qui s'engageaient à en poursuivre l'achèvement. Quant aux secondes, elles leur furent livrées, après expertise contradictoire, en état de réception définitive.

Les compagnies devaient faire à l'Etat l'avance des sommes nécessaires au paiement des travaux qu'elles exécutaient pour son compte sur les lignes concédées, ainsi qu'au paiement des ouvrages reconnus nécessaires sur les lignes cédées gratuitement pour la remise en état, et, s'il y a lieu, le doublement des voies. Dans tous les cas d'ailleurs, il était loisible à l'État de renoncer au bénéfice de ces avances, mais alors l'avertissement qu'il devait adresser aux compagnies précéderait d'au moins six mois l'ouverture des travaux. Une énumération des dépenses remboursables par l'Etat serait longue et fastidieuse ; il nous suffira de dire qu'en général elles comprenaient, outre les dépenses de construction (1), les frais généraux, les frais de personnel et l'intérêt des capitaux pendant la période d'exécution. D'ailleurs un maximum doit être fixé (2) d'un commun accord entre les compagnies et l'Etat et à moins d'exceptions de force majeure les remboursements de ce dernier ne pourront jamais lui être supérieurs. Si un désaccord s'élève entre les parties pour la fixation de ce maximum, il sera établi par deux arbitres (3).

Quant aux remboursements auxquels les Compagnies auront droit, ils s'opéreront par le paiement annuel de « l'intérêt et de l'amortissement des emprunts effectués par elle pour payer les travaux exécutés au compte de l'Etat. Le chiffre de l'annuité sera arrêté pour chaque exercice d'après le prix moyen des négociations de l'ensemble des obligations émises par la compagnie pendant cet exercice ; le prix moyen sera établi, défalcation faite des intérêts courus au jour de la vente des titres, en tenant compte de tous les droits à la charge de la compagnie (4), dont ces titres sont ou seront frappés et

---

(1) Moins celles mises à la charge de la compagnie.

(2) Lors de l'approbation des projets.

(3) Dans les cas où cela serait nécessaire, un tiers arbitre serait nommé par le président du tribunal de la Seine.

(4) La taxe de 3 0/0 sur le revenu et les droits de transmission

de tous autres frais accessoires dont la compagnie justifiera ; et en y ajoutant les frais de service des obligations émises pour créer les ressources nécessaires à la
construction ou à l'achèvement des lignes concédées.
Ces frais de service seront fixés à forfait, sauf pour le
Midi, à 10 centimes par obligation en circulation et par
année. Ils seront par exception portés au compte de
l'Etat avec la compagnie du Nord, pendant la période
d'emploi du fonds de concours de 90 millions, pour les
obligations afférentes à chaque ligne et jusqu'à la mise
en exploitation de chaque ligne (1) ».

Un intérêt est dû pour les sommes dépensées dans un
exercice. Il est calculé au taux effectif de l'emprunt pour
six mois quelle que soit l'époque de l'année à laquelle
auront été exécutés les travaux.

Quant à l'annuité, elle doit être payée au 31 décembre
de chaque année, et si, par extraordinaire, l'État n'en
réglait pas le montant dans le courant du mois de janvier
suivant, il devrait en verser les intérêts à partir du 1ᵉʳ
dudit mois jusqu'au jour du paiement.

En ce qui concerne la compagnie du Midi, il y a lieu
de noter certaines règles spéciales établies pour le remboursement des sommes à elles dues par l'Etat pour
l'infrastructure de ses voies. Les annuités sont calculées
comme les précédentes, mais leur paiement s'opère par

---

entre vifs bien que payés par la compagnie sont à la charge des
obligataires et il ne doit pas en être tenu compte.
(1) Thoriste, p. 127.

termes semestriels dont le dernier doit échoir le 1ᵉʳ janvier 1957. En cas de retard pour le paiement, les intérêts sont dus de plein droit du jour de l'échéance.

Diverses charges assez lourdes et variables suivant les conventions, concernant surtout le doublement des voies, sont imposées soit à l'Etat soit aux compagnies. Citons seulement les conventions passées avec l'Est et l'Ouest. Elles portent que « la compagnie exécutera ou achèvera pour le compte de l'Etat…, les travaux de toutes les lignes soit à simple voie, soit à double voie suivant les prescriptions du Ministre des travaux publics (1) », et que « lors de la remise des lignes cédées, il sera procédé à leur reconnaissance contradictoire et à une évaluation des travaux nécessaires… pour doubler les voies sur les points où ce doublement sera prescrit par le Ministre des travaux publics » (2). Ces mêmes conventions font supporter à l'Etat les travaux de seconde voie reconnus immédiatement nécessaires (3). Les capitaux seront avancés par les compagnies et remboursés par annuités. Quant aux doublements de voie réclamés ultérieurement par l'État, et ce sera en général sur des lignes d'un faible trafic mais importantes au point de vue stratégique, l'intérêt et l'amortissement du capital dépensé sera à la charge de l'Etat ; seulement du jour où le produit brut de ces lignes ainsi doublées

(1) Article 4.
(2) Article 5.
(3) Article 8.

aura atteint 35.000 francs par kilomètre, l'intérêt et l'amortissement incomberont à la compagnie. Dans le même ordre d'idées nous pouvons citer les conventions des 8 janvier et 4 avril avec le Paris-Lyon-Méditerranée, des 11 juin et 10 décembre avec l'Orléans.

Nous sommes forcé de reconnaître après ce qui précède que les charges imposées à l'État par les nouvelles conventions étaient fort lourdes et auraient été loin d'atteindre le but auquel on visait, l'allègement du budget des chemins de fer, si le Gouvernement n'avait fait insérer des clauses tendant au remboursement des sommes avancées par l'État à titre de garantie. Toutes les compagnies, à l'exception de celles du Nord et du Paris-Lyon-Méditerranée (1) qui n'avaient jamais eu recours à la garantie, étaient débitrices envers l'Etat de sommes considérables. Le remboursement total leur en fut demandé, et, afin de parvenir plus rapidement au but désiré et d'arrêter définitivement le compte de garantie, les compagnies furent autorisées à contracter des emprunts « pour couvrir les insuffisances des exercices antérieurs non encore réglés ».

Une fois le point précédent bien déterminé, une réforme restait à opérer qui s'imposait d'elle-même ; nous voulons parler de la simplification de la comptabilité des compagnies, devenue si compliquée depuis un certain nombre d'années.

(1) Sauf cette dernière pour sa ligne du Mont-Cenis au Rhône.

D'après les nouvelles conventions, il n'y a plus qu'un compte unique d'exploitation comprenant les recettes et les dépenses pour toutes les lignes faisant partie de l'ancien et du nouveau réseau, ainsi que pour les lignes concédées ou incorporées en 1883. De même que pour les autres points des conventions, nous ne donnerons ici que les traits généraux et communs, sans entrer dans les divergences de détail qui ont dû être acceptées en raison des différences de situation des compagnies (1).

Dans le compte de recettes devront entrer : « Les recettes des lignes et sections de lignes leur appartenant et en exploitation, ainsi que les lignes exploitées pour le compte de tiers avec l'autorisation du Gouvernement, et la part des recettes revenant aux compagnies intéressées dans les syndicats de petite et de grande ceinture ».

Quant aux autres dépenses, ce sont toutes celles ayant un caractère de dépenses d'exploitation ; la première condition à laquelle elles doivent satisfaire pour être admises en compte, c'est d'avoir été faites dans un but d'utilité et encore les règlements exigeaient-ils non pas qu'elles aient été indispensables, mais du moins qu'elles aient été utiles (2). Pour un certain nombre de ces

(1) Nous faisons allusion ici à certaines lignes Nord-Belge appartenant au Nord, au réseau algérien et à celui du Rhône au Mont-Cenis, qui forment un compte spécial pour la compagnie qui les administre.

(2) Picard, t. II, p. 496.

dépenses, dont l'imputation aurait pu être contestée, un texte a paru nécessaire, car il eut été matériellement impossible de trouver un critérium et d'adopter une règle de conduite invariable. Ce sont : « Les allocations de la compagnie pour les caisses de retraite, de secours, et de prévoyance ; les impôts, les frais de contrôle et les indemnités pour pertes, avaries et incendies... ».

Une fois le principe du compte unique d'exploitation bien déterminé, les conventions de 1883 créaient « le compte d'exploitation partielle » aujourd'hui à peu près supprimé ou du moins considérablement modifié par les conventions de 1889, 1890 et 1891, ainsi que nous le verrons dans notre seconde partie. Les contrats de 1883 eux-mêmes l'ont défini de la manière suivante en ce qui concerne les compagnies de l'Ouest et de l'Est :

« Jusqu'au 1er janvier qui suivra l'achèvement de l'ensemble désigné en l'article 1er de la présente convention, les lignes concédées à titre définitif ou à titre éventuel et celles comprises dans la convention du 31 décembre 1871 donneront lieu à l'ouverture d'un compte provisoire dit compte d'exploitation partielle.

« On portera à ce compte :

« D'une part, les intérêts et l'amortissement des obligations émises pour l'exécution des sections de ces lignes qui seront successivement mises en exploitation, et les dépenses nécessaires à cette exploitation.

« D'autre part, les recettes d'exploitation, les annui-tés correspondant à la part contributive de l'État dans leur construction, les excédents du revenu net des lignes en exploitation complète déversés au compte des lignes en exploitation partielle comme il est dit à l'article 10 ».

« En cas d'insuffisance des recettes, l'excédent de ces charges sera porté au compte de premier établissement ».

« Chaque année, la compagnie devra reporter au compte d'exploitation complète celles des lignes termi-nées dont les charges pourront être d'une manière con-tinue couvertes par l'excédent du revenu net déversé des années précédentes du compte des lignes en exploi-tation complète au compte des lignes en exploitation partielle (1) ».

Nous n'insisterons pas plus longuement sur ce point, nous réservant d'y revenir plus tard et de l'étudier avec tous les développements qu'il comporte.

« La création d'un compte unique d'exploitation pour toutes les lignes formant l'ancien et le nouveau réseau nécessitait des modifications dans le système antérieur de la garantie, du revenu réservé et du déversoir », aussi les conventions de 1883 modifient-elles pour deux compagnies le système du revenu réservé, et le sup-priment-elles pour les autres en y substituant la garan-tie d'un minimum de produit net.

En ce qui concerne les compagnies du Midi, de l'Or-

<hr>

(1) Article 14 de la convention conclue avec la compagnie de l'Est et de celle passée avec l'Ouest.

7

léans, de l'Est et de l'Ouest, la garantie s'appliquera à l'avenir à l'ensemble du réseau ; pour les deux dernières, si elles y veulent recourir, il faudra que les recettes d'exploitation soient insuffisantes pour couvrir les charges augmentées du revenu réservé aux actionnaires (1). L'Orléans et le Midi y feront appel « si le produit net du compte unique d'exploitation est insuffisant à couvrir les charges effectives, déduction faite des subventions de l'État et des sommes dépensées » : 1° pour l'exécution de travaux complémentaires ; 2° la construction, le rachat, la mise en service, des lignes constituant l'ancien et le nouveau réseau actuel ; 3° les approvisionnements et les engagements prévus aux conventions ; 4° le remboursement de la dette de garantie ; 5° pour faire face à l'intérêt et l'amortissement des actions et au service d'un revenu réservé s'élevant à 24.600.000 francs pour l'Orléans et à 12.500.000 francs pour le Midi.

Les conventions antérieures avaient fixé à 50 ans, à partir du 1er janvier 1864 pour l'Est et du 1er janvier 1865 pour les autres compagnies, la durée de la garantie d'intérêt, celles de 1883 ont-elles apporté des modifications sur ce point ? « A lire les débats parlementaires, les exposés de motifs des projets de loi relatifs aux conventions, les rapports faits au nom des commissions de

____

(1) Ce revenu était fixé à 11.500.000 francs pour la compagnie de l'Est et à 20.750.000 francs pour celle de l'Ouest. Ces sommes correspondent donc à des dividendes de 35,50 pour la première, et 38,50 pour la seconde.

la Chambre et du Sénat, chargées d'examiner les conventions, on pourrait croire que la durée de la garantie est restée la même pour toutes les compagnies, car, dans ces débats et documents parlementaires, il n'en est pas question. Nous n'avons trouvé que ces mots écrits par M. Bazille, à propos de la compagnie de l'Est, dans son rapport au Sénat : « Le dividende garanti est fixé d'une manière *invariable* à 35 francs ». Et ce mot est tellement vague qu'il est impossible d'en rien conclure (1) ».

Il nous semble que sur ce point une même situation n'a pas été faite à toutes les compagnies ; et, une fois la question posée, pour en faire l'examen et pouvoir la résoudre nous croyons nécessaire de diviser les compagnies en trois groupes : 1° l'Est et l'Ouest ; 2° l'Orléans et le Midi ; 3° le Nord et le Paris-Lyon-Méditerranée.

Pour les quatre premières compagnies, le système antérieur a été complètement modifié. On pourrait même dire qu'il a été supprimé et que la garantie d'intérêt a été remplacée par la garantie d'un minimum de produit net. Les conventions antérieures sont abrogées tantôt d'une manière expresse, par exemple dans les contrats avec le Midi et l'Orléans (art. 13 et 14). « Les dispositions des conventions antérieures concernant la garantie d'intérêt à la charge de l'État et le partage des bénéfices sont remplacées à partir du 1er janvier 1884

(1) *Revue des Deux-Mondes.*

par les dispositions suivantes ». Tantôt, au contraire, l'abrogation est tacite; telle celle contenue dans les conventions avec l'Est et l'Ouest, mais elle résulte du texte de ces contrats (1), qui substitue à l'ancienne garantie d'intérêt le régime nouveau du dividende de garantie.

Mais c'est en ce qui touche la durée de la garantie d'intérêt que les termes des conventions de l'Est et de l'Ouest d'une part et de l'Orléans et du Midi d'autre part diffèrent profondément. Pour les deux premières, la garantie de l'Etat est limitée d'une façon expresse. Elle doit prendre fin au 31 décembre 1934 (2) et au 31 décembre 1935 (3). Au contraire, aucun terme n'est apporté dans les conventions de l'Orléans et du Midi. Sur ce sujet les textes sont absolument muets et cette question a soulevé un des plus grands problèmes politiques et financiers de notre époque.

Nous n'insisterons pas ici sur ce point particulier, nous réservant d'y revenir et de le traiter d'une façon spéciale dans notre seconde partie en étudiant en détail le système et le jeu de la garantie d'intérêt. Qu'il nous suffise de dire maintenant que, la presse s'étant vivement occupée de la question, « la spéculation s'était emparée de l'incident (4) » et qu'une baisse considérable se produisit non seulement sur les actions des deux

(1) Article 10.
(2) Pour l'Ouest.
(3) Pour l'Est.
(4) Discours de M. Barthou à la Chambre des députés.

compagnies dont on contestait les avantages, mais encore sur tous les titres des chemins de fer.

En ce qui concerne les compagnies du Nord et du Paris-Lyon-Méditerranée, les nouvelles conventions n'ont apporté que peu de modifications à la situation antérieure. L'établissement du compte unique d'exploitation fut cause de modifications dans le mode de calcul de la garantie d'intérêt. Cette dernière restait d'ailleurs ce qu'elle était d'après les conventions de 1859 et de 1875. Il suffit pour s'en rendre compte, de jeter un regard sur les articles 11 des conventions conclues avec les compagnies.

« Les articles 6, 7 et 8 de la convention du 3 juillet 1875, relatifs à la garantie d'intérêt, sont remplacés, à partir du 1er janvier 1884, par les dispositions suivantes:

« Sur le produit net, résultant du compte unique d'exploitation dont il vient d'être parlé, la compagnie prélèvera :

« 1° Les charges effectives (intérêt, amortissement et frais accessoires) des sommes dépensées par elle, sous déduction des annuités dues pour l'exercice, en représentation des subventions et soldées à la compagnie :

« a) Pour le rachat, la construction et la mise en service des lignes exploitées ou à ouvrir constituant son ancien réseau actuel, accru des lignes définies à l'article 3, et toutes les dépenses dûment justifiées dans les conditions prévues par le décret du 6 juin 1863 et les conventions en vigueur.

« *b*) Pour le paiement de la contribution prévue à l'article 6, y compris le matériel.

« *c*) Pour les travaux complémentaires à exécuter à toute époque sur l'ensemble du réseau défini à l'article 10, conformément à des projets approuvés par le ministre des travaux publics.

« 2° Une somme de 44 millions de francs.

« L'excédent sera appliqué à couvrir jusqu'à due concurrence la garantie accordée par l'État pour les charges effectives des sommes empruntées par la compagnie, sous déduction des annuités reçues en représentation des subventions pour la construction et la mise en service des lignes exploitées ou à ouvrir, composant son nouveau réseau actuel, sans que le capital garanti puisse excéder 626 millions de francs ».

Ce texte vise donc expressément les conventions antérieures qu'il abroge, mais ne traite en aucune manière de la durée de la garantie d'intérêt. On peut donc en déduire que sur ce point les conventions de 1859 n'ont pas été abrogées.

Il est une question que l'on est naturellement amené à se poser à la suite de cette étude : Pourquoi cette différence de situations faite aux compagnies en ce qui concerne la garantie ? Ce point n'est nullement fait pour nous étonner, si nous songeons qu'en 1883 les compagnies de chemins de fer, avec lesquelles l'État traitait, n'étaient pas toutes dans la même situation. Il était dès lors assez naturel que leurs prétentions fussent différentes.

Disons en terminant que le montant des sommes, versées par l'État à titre de garantie d'intérêt, n'est qu'une avance remboursable dès que le produit net arrive au-dessus du revenu garanti, lors de l'expiration des concessions ou dans le cas de rachat. Dans ces deux derniers cas, « la créance de l'État doit être compensée jusqu'à concurrence avec la somme due aux compagnies pour la reprise de leur matériel roulant ». Cette clause de compensation, écrite dans les conventions de 1859, a été reproduite dans celles de 1883, mais uniquement pour les compagnies du Paris-Lyon-Méditerranée et du Nord. En ce qui concerne les autres compagnies, il est dit simplement que « quand, par suite d'insuffisance du produit net, l'État aura fait des avances à la compagnie, les excédents qui se produisent ultérieurement seront affectés exclusivement au remboursement de ces avances avec intérêt à 4 0/0 » (1).

Quand les compagnies auront remboursé à l'État les avances de garanties et, pour certaines (2), comblé les insuffisances portées au compte d'exploitation partielle, « elles deviendront maîtresses de leur dividende » et pourront disposer de l'excédent du produit net ; mais lorsque ce dernier aura atteint un certain chiffre, l'excédent sera partagé avec l'État, les nouvelles conventions en attribuant les deux tiers à ce dernier.

« Les contrats de 1883, écrit M. Picard (3), en impo-

(1) Convention avec l'Orléans.
(2) Est et Ouest.
(3) T. II, p. 415.

sant des charges aux grandes compagnies, ont naturellement reculé l'époque à laquelle commencera le partage des bénéfices. Il serait imprudent aussi de croire
qu'avant de longues années l'exercice des droits réservés
à l'État puisse créer des ressources sérieuses pour notre
budget ; car la tendance sera toujours d'arrêter l'essor
des dividendes, en affectant une large part des plus
values de recettes soit à la création de nouvelles lignes,
soit à l'amélioration des transports et à l'abaissement
des taxes ».

Les conventions que nous venons d'étudier, tout en
imposant de lourdes charges aux compagnies, leur
procurent de grands avantages : unification du réseau,
simplification de leur comptabilité, et dans une certaine
mesure, libre disposition de leur dividende. Mais sans
contredit les plus sérieux avantages obtenus par elles
sont relatifs au droit de rachat. « Bien que le droit de
l'État soit maintenu, il n'a aucun intérêt à s'en servir
pendant un certain nombre d'années. Tant que les compagnies n'auront pas réalisé le concours qu'elles ont
promis à l'État pour le troisième réseau, il ne rachètera
pas. Si néanmoins de nouveaux projets de rachat étaient
présentés, les nouvelles conditions de rachat protége-
raient les compagnies contre ces projets ».

En présence de l'opposition manifestée par la Chambre contre la convention de 1882, le Gouvernement
n'osa pas proposer la renonciation au droit de rachat
pendant la période de construction des lignes nouvelles.

Ce droit fut maintenu, peut-être à tort, mais toutefois après avoir subi d'importantes modifications : « Si le Gouvernement exerce le droit, qui lui est réservé par l'article 37 du cahier des charges, de racheter la concession entière, la compagnie pourra demander que toute la ligne, dont la mise en exploitation remonterait à moins de quinze ans, soit évaluée non d'après son produit net, mais d'après le prix réel de premier établissement. — En outre de l'annuité prévue par l'article 37 du cahier des charges, la compagnie aura droit au remboursement des dépenses complémentaires autres que celles du matériel roulant, exécutées par elles avec l'approbation du Ministre des travaux publics, sur toutes les lignes de son réseau, conformément aux dispositions de l'article...., sauf déduction de 1/15 pour chaque année écoulée depuis la clôture de l'exercice dans lequel auront été exécutés les travaux ».

Le rachat peut donc se produire à toute époque, mais il doit comprendre l'ensemble des lignes composant la concession actuelle de la compagnie. Seules les bases établies par les conventions sont applicables et on ne pourrait en aucune manière faire intervenir ici les règles posées par la loi du 3 mai 1841 ; en établissant des règles spéciales, les conventions ont certainement voulu écarter l'application du droit commun.

Nous avons exposé plus haut comment le prix du rachat était fixé à une annuité par les contrats de 1859 et de quelle manière était calculée cette annuité. Ajoutons ici que, s'il se produit moins de 5 années après la suppression des surtaxes (1) aux impôts de grande vitesse, les compagnies auront la faculté d'ajouter à l'annuité la perte résultant pour elles de cette diminution de taxe. En outre, en cas de fonctionnement du partage des bénéfices, l'annuité doit se calculer après déduction faite des sommes attribuées à l'État.

L'annuité ne peut être inférieure au montant du revenu garanti ; enfin il est décidé qu'en cas de rachat les compagnies auront droit au remboursement des dépenses faites pour travaux complémentaires. Il y a là une innovation des conventions nouvelles.

Ces conventions provoquèrent une discussion passionnée, surtout à la Chambre des députés. Les opposants leur reprochaient de sacrifier les intérêts du Trésor et de consolider outre mesure le monopole des compagnies ; ils les accusaient de compromettre le réseau de l'État, de désarmer le Gouvernement pour l'avenir et de ne pas donner au public les satisfactions indispensables en matière de tarification.

Mais elles furent défendues avec une grande habileté par M. Raynal et finalement votées à une grande majorité. « C'était, dit M. Picard, un véritable triomphe pour le Gouvernement, qui avait rallié une majorité imposante et fait écarter successivement tous les amendements ». Elles furent ratifiées par le Sénat, comme elles

____

(1) L. 16 septembre 1871.

l'avaient été par la Chambre des députés. La loi d'approbation porte la date du 20 novembre 1883 (1). Un fait considérable, sur la portée duquel nous n'avons pas à insister, venait de s'accomplir. La question des chemins de fer, si longtemps et si vivement débattue soit dans le Parlement, soit dans le public, recevait enfin une solution.

Les conventions, que nous venons d'étudier, ont eu un double effet : paralyser tout droit de progresser chez les compagnies chargées par la garantie d'intérêt : amener pour le Trésor de graves embarras financiers, avec lesquels il est actuellement encore aux prises.

M. Burdeau, dans son exposé des motifs du budget de 1895, pousse un cri d'alarme devant les charges croissantes qui incombent à l'État et indique nettement les conséquences financières des conventions que nous étudions en ce moment.

En 1889, dit-il, l'Etat avançait aux Compagnies :

	51.493.824 fr.
1890	49.411.130 »
1891	96.950.103 »
1892	60.407.905 »
1893	113.836.388 »
1894	116.278.496 »

et pour l'année 1895, le Ministre des travaux publics ne demandait pas moins de 135.189.496 francs. Cette

(1) *B. L.*, 1ᵉʳ semestre, 1884, n° 834, p. 325.

somme déjà colossale ne fera que croître dans un avenir peu éloigné. Les comptes d'exploitation partielle, en effet, ne sont pas encore clos. Les chemins de fer du Sud, ceux de la Corse et les lignes d'intérêt local, absorberont bientôt de 5 à 8 millions, de telle sorte que, si les prévisions de M. Burdeau se réalisent, la garantie s'élèvera dans 10 ans au chiffre de 160 millions. « Il n'est pas de budget, ajoute-t-il, qui puisse résister à une pareille aggravation de dépenses pour la seule industrie des chemins de fer » (1).

Comme cause de cet accroissement annuel de charges, le rapporteur citait la modification apportée au compte d'exploitation partielle et qui a grevé le budget d'environ 20 millions. Mais c'est surtout au faible produit des lignes qu'il faut en attribuer l'origine première.

Le produit net était de :

522.825.654 fr., en 1880 pour un réseau de 23.089 km.
520.634.931 — 1892 — 34.881 »
526.000.000 — 1893 — 35.543 »

La statistique sur ce point est assez précise et nous pouvons en tirer cette conclusion tout au moins étrange que les produits restent stationnaires malgré l'augmentation de notre réseau. Faut-il, allant de déduction en déduction, dire que notre commerce est dans une phase sinon de recul tout au moins d'arrêt, ce serait une erreur et M. Burdeau, qui s'est livré sur ce point à une

____

(1) *Revue politique et parlementaire*, t. I.

étude approfondie, reconnaît que « la dépression des produits des lignes de chemins de fer correspond à un accroissement du tonnage sur les canaux ». Au moment où les charges de l'État et des compagnies devenaient plus lourdes par suite du développement des réseaux, l'État, en supprimant les droits de navigation, a favorisé le trafic par eau au détriment des voies ferrées. Est-ce une faute? Nous ne savons ; mais ce qui est certain, c'est que le Trésor en supporte actuellement les conséquences.

Nous pouvons également attribuer à d'autres mesures provenant de même du fait de l'État, la cause de cette diminution du produit net.

Et tout d'abord, les nouvelles lois douanières ont eu une « répercussion sur l'exploitation des chemins de fer ». Elles diminuent les recettes en diminuant le trafic sur les grandes lignes qui servaient autrefois de voies d'importation. « Depuis 1891, écrit M. Burdeau dans son projet de budget pour 1895, malgré un accroissement en longueur de 1,092 kilomètres, la recette brute de la petite vitesse des sept grands réseaux a baissé de plus de 15 millions ». Ajoutons qu'elles augmentent les dépenses d'exploitation des compagnies en faisant monter le prix de certaines matières premières, telles que le charbon et le fer. En même temps des réductions de tarifs étaient accordées aux voyageurs et aux transports par grande vitesse. Il est vrai que, de ce dernier chef, il n'en est résulté aucune diminution de recettes pour les compagnies, mais il leur a fallu, par suite de l'augmentation de trafic sur nos voies ferrées, augmenter le nombre des trains, c'est-à-dire augmenter les frais d'exploitation et les charges de l'État.

De tout ce qui précède, on voit que la situation est loin d'être prospère et mérite à juste titre d'attirer l'attention des Pouvoirs publics. Depuis plusieurs années, il faut s'empresser de le dire à la louange de nos gouvernants, les Ministres des travaux publics ont courageusement pris le parti d'y porter remède. Mais ce remède, quel sera-t-il? Selon M. Burdeau, « il est impossible de modifier ces diminutions de recettes qui tiennent à des faits acquis, ou à l'état actuel de nos relations commerciales »; mais on peut néanmoins prendre certaines mesures de nature à influer sur le compte de garantie: par exemple, restreindre les travaux complémentaires à exécuter en 1895 sur les lignes en exploitation; limiter les travaux qui, conformément aux conventions de 1883, doivent être exécutés soit par les compagnies, soit par l'État. On pourra encore limiter les engagements que le Ministre des travaux publics prendra pour subventionner les entreprises de chemins de fer d'intérêt local (1).

« Par cet ensemble de mesures, on peut espérer, conclut M. Burdeau, que les charges, au moins celles de garantie d'intérêt, cesseront de se développer et recule-

____

(1) Conformément à la loi du 11 juin 1883.

ront même prochainement. Si l'on considère les cinq réseaux faisant appel à cette garantie, on constate qu'en 1892 leur recette nette a atteint 412 millions. Si cette recette progressait à raison de un pour cent par an, elle pourrait pendant les dix ou douze ans, nécessaires pour achever, dans les conditions énoncées ci-dessus, les lignes concédées en 1883, couvrir complètement les charges qui doivent dans le même temps résulter pour la garantie des travaux complémentaires des augmentations de matériel roulant, des contributions à la charge des compagnies pour la construction des lignes neuves ; ainsi que la disparition totale du compte d'exploitation partielle, la garantie resterait ainsi stationnaire au chiffre actuel. Il faudrait que le développement de la recette nette atteignît 3 0/0 par an pour qu'en une douzaine d'années on vit les causes d'aggravation de la garantie victorieusement combattues, et la garantie elle-même réduite aux charges résultant des réseaux secondaires, des lignes d'intérêt local, des tramways, enfin des lignes algériennes et tunisiennes. Mais il est bien entendu que dans l'intervalle les dépenses d'annuités auraient poursuivi leur marche ascensionnelle ».

Ces projets de convention, d'ailleurs, n'aboutirent pas. Ils ne furent même pas soumis aux Chambres.

Les seuls faits qui nous restent à signaler, après les conventions de 1883, sont des actes autorisant des travaux et des décrets ouvrant des crédits au Ministère des travaux publics à titre de fonds de concours versés par

les compagnies pour l'exécution des diverses lignes (1).
Puis viennent un décret relatif à l'établissement d'une
seconde voie sur la ligne de Saint-Germain-des-Fossés
à Brioude (2), divers décrets relatifs à l'établissement
de chemins de raccordement avec la ligne de Lyon (3),
un décret du 25 juin approuvant divers travaux à exécuter sur l'ancien réseau des chemins de fer du Midi et
du canal latéral à la Garonne, une loi du 26 août 1884
déclarant d'utilité publique la ligne de Saint-Girons à
Foix (4).

En 1885, nous trouvons un certain nombre d'actes
portant concession de lignes d'intérêt local ou autorisant des travaux dont il serait superflu de donner le détail. Mentionnons toutefois une loi du 14 avril 1885,
approuvant une convention passée entre l'État et les
compagnies d'Orléans et de l'Ouest pour régler les conditions financières relatives à l'établissement de secondes voies sur le réseau de ces compagnies (5), et un décret du 23 décembre modifiant l'article 8 du décret du
20 mars 1882, relatif aux chemins de fer d'intérêt local.

Les années suivantes ne présentent guère que des
actes de détail. Citons, à la date du 7 janvier 1890, une
loi approuvant une convention passée avec la compa-

---

(1) Décret, 11 janvier 1884, *B. L.*, 1884, 1er semestre, n° 826. Décret, 27 mai 1884, *B. L.*, 1884, 1er semestre, n° 853.
(2) 24 avril 1884, *B. L.*, 1884, 1er semestre, n° 853.
(3) Décret, 24 mars 1884, *B. L.*,1884, 1er semestre, 1887.
(4) *B. L.*, 1884, 2e semestre, n° 863.
(5) *B. L.*, 1895, 1er semestre, n° 935.

gnie de l'Est pour la clôture du compte d'exploitation partielle (1) ; une loi du 29 juillet 1892 (2), modifiant le même compte pour les compagnies d'Orléans et de l'Ouest. Signalons en terminant diverses lois désignant pour les compagnies les lignes non dénommées dans les conventions de 1883, où elles n'avaient été portées que pour leur longueur, et enfin la présentation de divers projets relatifs à la création d'un chemin de fer métropolitain à Paris. Jusqu'ici ils n'ont pas abouti.

Telle est, en résumé, l'histoire des chemins de fer en France, depuis leur origine jusqu'à nos jours, que nous avons cru devoir mettre, pour plus de clarté, au début de ce travail.

(1) *J. off.*, 8 janvier 1891.
(2) *B. L.*, 2e semestre, 1892, p. 852.

DEUXIÈME PARTIE

DES DIVERS MODES DE CONVENTIONS ET DES DIFFÉRENTS RAPPORTS FINANCIERS DE L'ÉTAT AVEC LES COMPAGNIES DE CHEMINS DE FER.

***

OBSERVATIONS PRÉLIMINAIRES.

Nous avons dans la première partie de ce travail assisté à la constitution de notre réseau de chemins de fer. Faisant l'historique des nombreuses voies ferrées qui sillonnent notre pays, nous avons eu l'occasion de constater la grande variété de moyens à l'aide desquels le Trésor est venu au secours des compagnies pour leur permettre d'entreprendre cet immense travail et de le mener à bonne fin.

Nous avons cité les divers modes du concours financier de l'État au fur et à mesure qu'ils se présentaient sous nos yeux, subventions, prêts, garanties d'intérêt, etc... Mais toujours nous les avons trouvés plus ou moins modifiés selon les nécessités du moment ; souvent même nous les avons rencontrés combinés ensemble à l'occasion de l'ouverture d'une même voie, si bien qu'il nous a été impossible de dégager le caractère véritable de chaque système et d'indiquer ses avantages et ses inconvénients.

Reprenant maintenant chacune de ces formes diverses de l'intervention de l'État (1), nous allons successivement les étudier, d'abord au point de vue juridique, puis relativement à leurs résultats, précisant et spécifiant les droits et les devoirs qui en découlent pour chacune des parties engagées, l'État et les compagnies.

Nous venons de le dire, et on a pu s'en rendre compte, les modes du concours financier de l'État sont très variés, mais chacun d'eux ne nous arrêtera pas également. Tous n'ont pas eu la même importance. Quelques-uns très en faveur à l'origine ont été de bonne heure abandonnés (2) ; un autre même souvent proposé et toujours rejeté ne peut être étudié par nous qu'au point de vue purement théorique (3). Passant rapidement sur cette première catégorie, nous concentrerons nos efforts sur deux systèmes qui comptent aujourd'hui encore leurs adversaires et leurs partisans : les subventions en travaux et la garantie d'intérêt (4).

---

(1) Il nous paraît inutile d'expliquer ici pourquoi nous avons choisi ce plan ; nous l'avons déjà exposé au début de la première partie de ce travail dans nos observations préliminaires.

(2) Prêts d'argent ; il y en a eu huit de 1837 à 1847 et le total des sommes prêtées ne s'est élevé qu'à 58 millions (Aucoc, t. 3, p. 487).

(3) Souscription d'actions par l'Etat.

(4) Dernièrement encore ce mode d'intervention a occasionné à la Chambre des députés de vifs débats, soulevés à l'occasion de la

Nous allons donc dans cette seconde partie nous occuper successivement des divers modes du concours financier de l'État et les étudier dans l'ordre suivant :

Subventions en travaux, en argent et exécution partielle des travaux par l'État et à son compte ;

Participation de l'État comme actionnaire ;

Prêts consentis par le Trésor aux diverses compagnies ;

Garantie d'intérêt.

demande de mise en accusation de M. Raynal, ancien ministre des travaux publics.

CHAPITRE PREMIER

DES SUBVENTIONS EN TRAVAUX ET EN ARGENT.

I. — De la subvention en général.

Le terme subvention est une expression qui dans sa généralité pourrait comprendre tous les modes au moyen desquels l'État vient en aide aux compagnies de chemins de fer. Il exprime une idée d'intervention, mais sans en spécifier l'espèce, et s'applique aussi bien aux prêts et à la garantie d'intérêt qu'aux subventions proprement dites.

Dans un sens plus restreint, il désigne un genre particulier du concours financier de l'État pour la construction des lignes concédées ; alors « ce sont des sacrifices faits sans condition de remboursement : elles peuvent être en nature ou en argent (1) ».

La première équivaut à une subvention pécuniaire égale à la valeur des travaux exécutés. Lorsque l'État a employé ce mode de concours, il s'est chargé de construire tout ou partie de l'infrastructure. Ce système d'intervention « éminemment propre à faciliter les concessions » est préférable, jusqu'à un certain point, à une

(1) Cauwès, *Cours d'économie politique*, t. II, p. 429.

subvention pécuniaire de valeur égale, l'État se chargeant de la partie aléatoire des travaux et ne laissant aux compagnies que la superstructure dont le prix de revient est facile à prévoir.

En revanche, la subvention en argent procure l'avantage de bien déterminer et de préciser à l'avance le sacrifice à supporter par le Trésor. Tandis qu'au contraire les évaluations préalables faites pour les subventions en travaux sont soumises à toutes les variations que peuvent amener des circonstances de force majeure et des erreurs dans les études préliminaires.

II. — Subventions en travaux.

Le premier acte qui ait créé la participation partielle de l'État aux travaux de construction des chemins de fer est, nous l'avons dit, la loi du 11 juin 1842. Mais, dès 1839, des propositions de loi avaient été faites en ce sens au Parlement. M. Gaugnier, député, avait conseillé « de venir en aide aux compagnies en construisant la plateforme des voies ferrées et avait demandé au Gouvernement d'étudier et de présenter un programme conçu sur cette base » (1). La même année une commission extra-parlementaire accueillait favorablement ce système dans son rapport présenté par M. Dufaure. Depuis, diverses lois ont accordé au Gouvernement l'autorisation d'en-

(1) Picard, *Traité des chemins de fer*, t. II.

treprendre de nouvelles lignes d'après ce système et avant qu'aucune négociation n'ait été entamée avec des compagnies concessionnaires pour l'achèvement du chemin.

Souvent abandonné mais souvent repris, ce système a été assez en faveur à une certaine époque ; c'est qu'associant dans une juste mesure l'action gouvernementale et l'action industrielle il suit à la fois les variations de l'opinion et l'état des finances publiques.

L'économie de cette loi, qui peut servir de type en la matière et a donné son nom à ce mode de subvention, dit « système de la loi de 1842 », consiste dans la mise à la charge de l'État de l'infrastructure des chemins de fer, des gares, stations et ateliers, et ne laisse aux compagnies que la pose des rails et la fourniture du matériel nécessaire à l'exploitation dont on leur abandonnait le soin.

Deux éléments bien distincts viennent donc concourir à la construction de la ligne, d'une part l'État (1), de l'autre l'industrie privée. Trois textes, les articles 5, 6 et 7 de la loi de 1842, déterminent en termes généraux les obligations réciproques de ces deux parties : encore ont-ils été modifiés, mais sur quelques points de détail seulement, par les divers cahiers des charges. Nous devons encore citer pour être complet sur la matière les lois des 10 août 1868 et 22 mai 1869, relatives à deux

____

(1) Auquel viennent, dans une certaine mesure, se joindre les départements traversés et les communes intéressées.

conventions passées avec les compagnies du Midi et du Nord.

Nous croyons utile, avant d'étudier ces diverses lois, d'en reproduire par extraits les textes principaux :

Art. 5. — Loi 11 juin 1842. « Le tiers restant des indemnités de terrains et bâtiments, les terrassements, les ouvrages d'art et stations, seront payés sur les fonds de l'État. »

Art. 6. — Même loi. « La voie, y compris la fourniture du sable, le matériel et les frais d'exploitation, les frais d'entretien et de réparation du chemin, de ses dépendances et de son matériel, resteront à la charge des compagnies auxquelles l'exploitation du chemin sera donnée à bail..... »

Art. 7.— « A l'expiration du bail, la valeur de la voie de fer et du matériel sera remboursée, à dire d'experts, à la compagnie, par celle qui lui succédera ou par l'État. »

Il serait peu utile, croyons-nous, d'entrer dans de grands détails sur ce point. Donner une définition des travaux d'infrastructure et de superstructure serait simplement paraphraser les textes que nous venons de transcrire. Qu'il nous suffise de dire que les premiers comprennent la partie la plus aléatoire de l'entreprise, celle soumise aux plus grandes chances d'erreurs que peuvent entraîner une évaluation mal faite, un plan mal étudié et des circonstances de force majeure. A cet égard nous ne pourrons procéder que par voie d'énumération, et, pour donner de ces travaux une liste aussi complète que possible, nous nous reporterons à une circulaire du Ministre des travaux publics répartissant ainsi qu'il suit les travaux entre l'infrastructure et la superstructure : Pour les premiers :

« Acquisition de terrains, terrassements, ouvrages d'art, maisons de gardes et de cantonniers, passages à niveau, pavages, barrières ».

Sur ce point d'ailleurs, aucune règle fixe ne peut être établie. Le cahier des charges jusqu'en 1848 comprenait : « les terrains, terrassements, ouvrages d'art... » ; celui annexé au décret du 13 mai 1851 n'y rangeait plus que les « terrassements, ouvrages d'art... » ; d'autres cahiers complémentaires annexés aux conventions de 1859, 1863 et 1868, reviennent au contraire au premier système et énumèrent « les terrains, terrassements... (1) ». Disons encore que l'article 5 de la loi de 1842 mettait à la charge de l'État la construction des stations elles-mêmes, mais que depuis 1859 les conventions ont mis cette dépense à la charge des compagnies concessionnaires.

Quant à la compagnie, elle conserve tous les autres travaux : « La compagnie exécutera à ses frais les travaux de toute nature relatifs à l'établissement des gares, stations, ateliers, sauf toutefois les ouvrages d'art qui lui seront livrés par l'État ».

(1) Picard, t. II, p. 232.

« Elle fournira et posera à ses frais le ballast (1), la voie de fer et tous ses accessoires. Elle fournira les machines locomotives, les voitures de voyageurs....., et en général tout le matériel de transport, de chargement et de déchargement nécessaire à l'exploitation ».

Mais c'est sans contredit la remise des travaux par l'Etat aux compagnies qui soulève les plus importantes difficultés. Voici d'ailleurs sur ce point le texte du cahier des charges complémentaire : «... B. La compagnie sera tenue de prendre livraison des terrassements et des ouvrages d'art, à mesure qu'ils seront achevés entre deux stations principales, par sections contiguës et sur la notification qui lui sera faite de leur achèvement. Il sera dressé un procès-verbal de cette livraison et la Compagnie devra commencer immédiatement les travaux à sa charge. Un an après la date du procès-verbal, il sera procédé à une reconnaissance définitive des travaux qui auront été livrés en vertu du paragraphe précédent et cette reconnaissance sera constatée par un nouveau procès-verbal contradictoire qui aura pour effet d'affranchir l'État de toute garantie pour les terrassements ».

« Cette garantie d'ailleurs ne s'appliquera à aucune époque aux tassements qui pourraient se produire dans

---

(1) « A l'égard du ballast il pourra être fourni et posé par l'administration, et dans ce cas la compagnie tiendra compte à l'État de la différence de la dépense réelle faite par lui et celle que lui aurait imposée le simple établissement sans ballast.

la plate-forme du chemin. La garantie pour les ouvrages d'art et les maisons de gardes ne cessera qu'un an après le procès-verbal de reconnaissance définitive.

« En aucun cas la responsabilité de l'État, telle qu'elle est réglée par le présent article et pour les diverses natures d'ouvrage, ne pourra s'étendre au delà de la garantie matérielle des travaux ».

« Après la prise en possession définitive par la compagnie de tout ou partie des travaux à la charge de l'État, il sera dressé contradictoirement entre l'administration et ladite compagnie un état des lieux. Cet état comprendra : 1° la description de tous les travaux qui serviront d'emplacement au chemin de fer ou à ses dépendances ; 2° l'état des travaux d'art et de terrassement comprenant les ponts, ponceaux, aqueducs, maisons de gardes et tous autres ouvrages construits en vertu de projets approuvés par l'administration supérieure ».

Il ressort de ce texte qu'en la matière rien n'est innové et que, pour l'exécution des travaux mis à sa charge, l'État suit les règles générales applicables à tous les travaux publics (1).

Bien que paraissant fort clair au premier abord, ce texte a soulevé d'importantes difficultés et quelques débats se sont élevés sur le point de savoir dans quelle mesure ces conventions engageaient la responsabilité

____

(1) Aucoc, t. III.

de l'État. A titre d'exemple nous pourrons citer un arrêt du Conseil d'État en date du 8 mai 1861 (1) qui a déclaré l'État responsable de la destruction d'un ouvrage à la suite de la crue d'une rivière. L'élévation des eaux n'ayant pas dépassé les plus hautes crues survenues antérieurement, est-il dit dans cet arrêt, l'État ne peut invoquer le cas de force majeure. Ajoutons toutefois que le délai de garantie n'était pas expiré. Mais une fois ce délai écoulé, la compagnie est seule responsable vis-à-vis des tiers. Il a été ainsi jugé dans deux arrêts du Conseil d'État, le premier du 30 juillet 1857 (2) et le second du 28 novembre 1861 (3).

La compagnie d'ailleurs a toujours le droit, lors de la remise des travaux, de formuler ses réserves en vue d'une action en garantie ultérieure. On comprend fort bien qu'il y ait lutte sur ce point entre les deux parties, l'État désirant le plus possible restreindre les dépenses des travaux mis à sa charge et la compagnie ne voulant recevoir qu'une ligne bien construite afin de diminuer ses dépenses d'entretien. Un moyen lui est offert, nous venons de le dire, c'est de consigner ses réserves dans un procès-verbal et même, si elle le juge nécessaire, de se refuser à accepter la ligne (4). En cas de désaccord sur ce point entre le Ministre et la compagnie, la com-

(1) Lebon, p. 359 et Aucoc, *loc cit.*, p. 3, 636.
(2) Lebon, p. 631.
(3) *Id.*, p. 856.
(4) La compagnie du Midi a souvent usé de ce droit.

pétence appartient au Conseil de préfecture par voie d'interprétation du contrat de concession (1).

III. — Subventions en argent.

Longtemps regardé avec défaveur, ce mode d'intervention fut toujours écarté à l'origine des chemins de fer. Repoussées catégoriquement et sans réserve par les pouvoirs publics et la Commission extraparlementaire de 1839, nous rencontrons pour la première fois seulement les subventions en capital dans la loi du 11 juin 1842 concernant le prolongement de la ligne de Paris à Rouen jusqu'au Havre (2). Un revirement s'est produit dans l'opinion et à cette époque diverses lois prirent des mesures analogues. Nous n'énumérerons pas ici les nombreux cas où l'État a recouru à cette forme de concours ; pour des détails plus complets sur ce point il suffira de se reporter à la première partie historique de ce travail.

Tout d'abord, nous devons signaler qu'une extrême variété a toujours régné pour la fixation du montant de subvention à accorder, les bases dont se servait le législateur étant, elles aussi, essentiellement changeantes ; importance de la ligne, son projet d'établissement, ses produits présumés.

Néanmoins, nous pouvons établir dans l'évolution de

(1) Conseil d'Etat, 5 juin 1848.
(2) Cette subvention s'élevait au chiffre de 8 millions.

ce système, deux phases bien distinctes. Dans la première, les subventions sont fixes et invariables et ont été établies une fois pour toutes par la convention ; dans la seconde, qui date des conventions de 1883, les principes peuvent se résumer ainsi. L'État s'oblige pour les lignes faisant partie de ces conventions à prendre à sa charge toutes les dépenses, sauf déduction d'une contribution fixe incombant aux compagnies et s'élevant en général à 25.000 francs par kilomètre : « La dépense de construction des lignes désignées à l'article premier sera à la charge de l'État. Toutefois la compagnie contribuera aux dépenses de superstructure, à raison de 25.000 francs par kilomètre. Elle fournira à ses frais le matériel roulant, ainsi que le matériel, le mobilier et l'outillage des gares » (conventions avec l'Est, art. 4 ; l'Ouest, art. 4 ; Paris-Lyon-Méditerranée, art. 6) (1). En outre les compagnies font à l'État l'avance des sommes mises à sa charge et en sont remboursées au moyen d'annuités : « Pour chaque exercice le chiffre de l'annuité est arrêté d'après le prix moyen des négociations de l'ensemble des obligations émises par la compagnie dans cet exercice ; ce prix moyen est établi, déduction faite de l'intérêt couru au jour de la vente des titres, et en tenant compte de tous droits à la charge de la compagnie dont ces titres sont ou seront frappés et de tous autres frais accessoires

____

(1) Conventions avec le Nord, art. 6 ; l'Orléans, art. 7 ; le Midi, art. 8.

dont la compagnie justifiera ». Ajoutons que, pour les travaux exécutés par les compagnies pour le compte de l'État, les remboursements ont été limités à un maximum déterminé qui ne pourra être dépassé sauf des exceptions motivées par des circonstances de force majeure ou par le caractère aléatoire de certaines estimations, telles que les acquisitions de terrains, le percement de souterrains, des épuisements exceptionnels, la consolidation et l'assainissement de tranchées et de remblais. Ces restrictions rendent donc presque inutiles la fixation d'un maximum.

Une fois le principe de la subvention en argent à accorder aux compagnies adopté, il restait à résoudre une autre question de la plus haute importance : quel moyen l'État emploierait-il pour sa libération ? Ici encore, comme en tout ce qui touche à cette matière, pas de règles fixes ; on eut recours aux modes les plus divers selon les nécessités du moment et les embarras du Trésor.

A l'origine, les subventions relativement peu élevées étaient payables par l'État en un certain nombre de termes limités et fixés d'avance ; des allocations étaient inscrites au budget de chaque année. « Cette somme (1) sera payée par quart et proportionnellement à l'avancement des travaux. Le premier versement n'aura lieu que lorsque la compagnie aura justifié des dépenses faites et payées de ses propres deniers pour une somme d'au

(1) 8 millions.

moins huit millions. Le dernier quart ne sera versé qu'après l'achèvement et la réception définitive du chemin de fer (1) ».

Mais les engagements du Gouvernement ayant considérablement grossi la dette du Trésor (2), une loi du 21 juillet 1857 donna au Ministre des finances l'autorisation de convertir cette dette en 50 annuités comprenant à la fois l'intérêt et l'amortissement. Puis, toujours pour le même motif, diverses lois postérieures (11 juin 1863, conventions de 1868, 1869, lois du 23 mars 1874 et 1875), donnèrent aux pouvoirs publics le choix de se libérer en seize termes semestriels égaux ou bien au moyen d'un nombre d'annuités égales à la durée de la concession et comprenant l'intérêt et l'amortissement. « Ce système, a dit M. Aucoc, a paru à la fois si favorable aux intérêts du Trésor et à ceux des compagnies que, dans les conventions de 1868, les compagnies ont accepté ce mode de paiement non seulement pour les subventions nouvelles, mais encore pour les subventions promises antérieurement aux conventions de 1863 (3) ».

Ajoutons que dans un cas particulier relatif aux compagnies de la Charente et de la Vendée (1873 et 1874) le Gouvernement s'est libéré au moyen d'obligations remboursables en quinze ans. Mais ce n'est là qu'un fait

____

(1) Loi du 11 juin 1842 relative au chemin de fer de Paris au Havre.

(2) 200 millions.

(3) Aucoc, t. III, § 1359, loi, 18 juillet 1868 et décret, 20 avril 1869.

isolé et la même année, une loi du 23 mars faisait un retour au système de l'option entre le paiement en huit ans et les annuités.

Le système des subventions en capital fut loin de répondre au but que s'était proposé le législateur. Il permettait, il est vrai, au concessionnaire de se soutenir pendant la période de construction, en mettant immédiatement des sommes considérables à sa disposition. Il avait encore l'avantage de donner à l'État le droit d'exiger en échange de la faveur qu'il accordait, certains abaissements de tarifs et certaines immunités au profit des services publics, de fixer d'une manière précise le sacrifice du Trésor, et de laisser à la charge du concessionnaire les insuffisances de produits qui dépasseraient les prévisions faites au moment du contrat.

Mais à côté de ces avantages les subventions en argent ont des inconvénients sérieux qui, selon nous, sont suffisants pour faire écarter ce mode de concours.

Et tout d'abord le but recherché par l'État sera-t-il toujours atteint ? Nous ne le pensons pas. Supposons un instant que le Gouvernement, et c'est ce qu'il ne manquera pas de faire, avant d'opérer le versement de la subvention, ait pris toutes les mesures nécessaires pour assurer la construction de la ligne et l'emploi des capitaux fournis par lui, il peut parfaitement arriver que les résultats de l'entreprise ne correspondent pas aux prévisions espérées. Le crédit de la compagnie alors diminuera, ses valeurs subiront une baisse et il lui deviendra difficile, si ce n'est impossible de se procurer les fonds nécessaires à l'achèvement de la voie. De nouveau elle se verra forcée de s'adresser à l'État qui, ne pouvant l'abandonner dans une pareille situation, sera obligé, soit de racheter la ligne, soit de fournir de nouveaux subsides à la compagnie. Il se trouvera ainsi entraîné au delà des limites primitives qu'il s'était imposées et il en résultera pour le Trésor une charge imprévue.

Un autre reproche non moins grave peut être encore formulé et l'on peut accuser les subventions en argent de fournir un aliment considérable à l'agiotage. Cet argument a été souvent repris et invoqué devant les Chambres et les adversaires de ce système ont, par ce moyen, réussi plusieurs fois à le faire repousser. Il nous suffira pour résumer les nombreuses discussions soulevées à ce sujet devant le Parlement de citer le passage suivant d'un discours prononcé en 1837 par Berryer : « Un chemin de fer, disait-il, est évalué à 80 millions. Le Gouvernement intervient ; il s'oblige à faire un quart du capital. Le lendemain du vote, il y a sur la place 60 millions d'actions pour une valeur de 80 millions. Que dit le porteur de ces actions ? « A quel prix voulez-vous 60 millions d'actions qui en valent 80 ? » — Il y a évidemment 25 0/0 de bénéfice acquis par le fait de l'allocation par l'État d'un quart du capital ». L'erreur ou tout au moins le parti-pris est ici manifeste ; il est bien évident que sur le marché financier les valeurs ne sont pas cotées d'après le capital dépensé, mais bien d'après ce que peut rapporter l'entreprise. Si dans la majorité des cas il est inexact de dire que les subventions pécuniaires favorisent l'agiotage, ce fait peut cependant se produire si l'État accorde au concessionnaire une subvention inutile ou trop élevée. Alors en effet un aliment est fourni à la spéculation, les actions ayant acquis une valeur supérieure au prix d'émission et l'allocation de la subvention procurant un bénéfice réel aux actionnaires.

La difficulté est donc ici d'évaluer justement les dépenses d'établissement et de revenu probable, de fixer équitablement, dans chaque cas particulier, l'importance de la subvention et d'éviter l'arbitraire auquel l'on est exposé dans cette fixation.

Nous serions bien tenté à la suite de ces nombreuses et graves critiques, de conclure au rejet catégorique de ce mode d'intervention de l'État et de le condamner sans réserve. Mais pour être complètement impartial nous croyons devoir formuler une exception. Lorsque l'État traite avec des compagnies prospères, dont la situation est assurée et le crédit incontesté, dans ce cas seulement nous admettrions le système des subventions en argent, car alors la situation de la compagnie est une garantie pour l'État et fait disparaître dans une certaine mesure les inconvénients des subventions pécuniaires. En dehors de ce cas particulier, nous n'hésitons pas à les repousser, surtout si elles doivent être affectées à des compagnies nouvelles, et cela à cause du caractère aléatoire de l'entreprise.

Concessions de terrains. — Nous croyons devoir placer ici ce mode de subvention et cela pour deux raisons : la première c'est qu'il équivaut à une véritable subvention en argent, il y a dans ce cas une dation en paiement, la valeur des terres étant bien déterminée et représentant exactement le montant de sommes promises par l'État ; la seconde est que ce système avait été adopté en principe par la loi de 1842.

Très en faveur dans certains pays ce moyen de concours a pu y avoir d'heureux résultats. Mais hâtons-nous d'éviter une confusion qui pourrait avoir de funestes conséquences. La cession de terrains dans les pays comme la France où la densité de la population est arrivée pour ainsi dire à son maximum doit être distinguée de celle qui est pratiquée dans les contrées inoccupées, et neuves .

En France et en général dans toute l'Europe aucune terre ne se rencontre qui ne soit cultivée ou qui ne puisse être revendiquée par un propriétaire. Dans ces conditions la cession par l'État aux compagnies de chemins de fer exige l'acquisition préalable par le Gouvernement des terrains à céder. Il y a une véritable subvention en argent pour le paiement de laquelle une certaine quantité déterminée d'immeubles se trouve substituée au numéraire.

Dans les pays neufs au contraire tout autre est le caractère de ce mode de concours. L'idée de subvention pécuniaire à accorder aux compagnies devient secondaire et la puissance publique a surtout en vue l'idée de colonisation. Alors la cession porte non seulement sur l'étendue des terrains nécessaires à l'établissement de la voie et des gares, mais elle s'étend encore à d'immenses territoires placés non loin de la ligne et sur lesquels les compagnies devront dans les limites de leur pouvoir faciliter l'immigration. La richesse des concessionnaires dépendra de l'essor donné par eux à la colonisation et du nombre plus ou moins considérable de colons qu'ils auront attiré sur ces terres encore vierges.

Le grand inconvénient de ce mode de subvention est de ne pas procurer immédiatement aux compagnies les sommes nécessaires à l'établissement de la ligne. La vente des terres, en effet ne peut avoir lieu que lentement et progressivement. La cession ne sera donc d'aucun secours pour les lignes pauvres ayant un besoin d'argent pressant et ne leur permettra pas de s'en procurer dans de bonnes conditions. Notons, en outre que ces terres ne pourront acquérir une certaine valeur que par l'achèvement de la ligne à laquelle elles ont été attribuées.

Ce système qui peut avoir son utilité dans des pays tels que les États-Unis et dans les contrées ayant une situation plus ou moins analogue est absolument impraticable en Europe. Nous n'entendons pas soutenir par là qu'il n'ait pour nous qu'un intérêt purement théorique. Tout autre est notre pensée. A une époque où les principales nations civilisées de notre ancien

monde portent leurs vues sur les territoires inoccupés
de l'Asie et de l'Afrique, ce mode d'intervention devrait,
il nous semble, être sérieusement examiné par les différents gouvernements. Les heureux résultats qu'il a eus
aux États-Unis devraient encourager les nations euro-
péennes à en faire l'essai dans leurs nombreuses colo-
nies pour y faciliter la construction de lignes de chemins
de fer et par ce moyen hâter l'immigration et le peuple-
ment de régions inhabitées. Par ce mode de concours
elles n'auraient rien à perdre et beaucoup à gagner.

CHAPITRE II

SOUSCRIPTION D'ACTIONS PAR L'ÉTAT (1).

L'État peut encore prêter son concours financier à la construction et à l'exploitation des chemins de fer concédés en y participant comme actionnaire.

Nous n'insisterons pas sur ce système qui consiste à faire souscrire par le Gouvernement un certain nombre de titres émis par les compagnies ; car bien que mis en pratique dans quelques pays étrangers, jamais il n'a été employé en France.

Très en faveur à l'origine des chemins de fer auprès des membres du Gouvernement, toujours il fut repoussé à une forte majorité par le Parlement, en 1835, lors d'un premier projet de loi relatif au chemin de Paris à Rouen et au Havre et en 1840 dans deux projets concernant : l'un, les lignes de Paris à Orléans et de Strasbourg à Bâle ; l'autre, le chemin de Paris à Rouen.

De vives discussions eurent lieu aux Chambres à l'occasion de ces divers projets ; ce mode d'intervention fut définitivement rejeté et ne fut jamais depuis proposé en France.

(1) Picard, *Traité des chemins de fer*, t. II, p. 219. *Pandectes françaises*, au mot Chemin de fer, n° 2590.

Les objections opposées à ce système par ses adversaires furent nombreuses ; pour ne nous attacher qu'aux plus importantes et à celles qui furent le plus sérieusement discutées, citons seulement les suivantes :

1° Tout d'abord on reprochait à ce mode de concours de donner parmi les compagnies de chemins de fer une situation privilégiée à celles qui obtiendraient un tel subside de l'État, se trouvant par le fait même de cette souscription d'actions dans une position préférable à celle des autres lignes également en construction, elles paraissaient, grâce à l'aide du Gouvernement, avoir plus de chances de mener rapidement leur entreprise à bonne fin. On craignait que cela n'engageât les capitaux, toujours timides en France, à se porter de préférence vers ces compagnies, pour ainsi dire subventionnées, et que l'État ne leur procurât ainsi un avantage considérable, peut-être au détriment des autres. Car poussant ce raisonnement jusqu'au bout, il en pourrait rejaillir, disait-on, sur les lignes non secourues une sorte de discrédit dont le résultat probable serait d'arrêter ou tout au moins de retarder leur mise en exploitation.

2° Le second grief invoqué était cette qualité même d'actionnaire qui faisait peser sur l'État des charges auxquelles il aurait au contraire dû se soustraire. Engagé doublement lors de la constitution de la compagnie, d'abord au même titre que les autres actionnaires, puis comme puissance publique subventionnant et encourageant la nouvelle compagnie, il se trouvait lié pour ainsi dire par une obligation morale qui le forçait en cas d'insuffisance de l'actif de la société de parfaire la différence pour assurer l'exécution des travaux.

L'État avec ce mode de subvention avait donc tout à perdre et rien à gagner, exposé qu'il était à de grands risques si l'affaire était mauvaise, et dans le cas contraire ne devant récupérer que des gains minimes.

3º En tout cas le Gouvernement était obligé de s'immiscer dans la gestion intérieure des compagnies, ce qui faisait disparaître complètement la liberté des autres actionnaires et conduisait à une sorte de mise en tutelle de la compagnie. L'État abandonnant le seul rôle qu'il dut avoir en la matière, son droit de contrôle devenait dans une certaine mesure concessionnaire de la ligne et on retombait ainsi dans un autre système que l'on cherchait à éviter celui de l'exploitation par l'État (1).

Ce mode d'intervention eut également ses partisans et ses défenseurs qui, nous l'avons dit, eurent à un moment donné une assez grande influence sur les membres du Gouvernement. Ils attribuaient de grands avantages au système qu'ils proposaient.

D'après eux, la participation de l'État, par son entrée dans la société devait procurer à la compagnie un élément de force nécessaire pour donner une vive impul-

---

(1) Certains adversaires objectaient également que dans les assemblées d'actionnaires et les conseils d'administration ce système exposait les représentants du Gouvernement à des échecs regrettables pour la dignité de l'État et capables de compromettre son autorité.

sion à l'exécution des travaux et mener promptement leur achèvement à bonne fin. Tout le monde ne pouvait qu'y gagner. L'État qui voyait mise en exploitation, dans un délai relativement restreint, une nouvelle ligne augmentait ainsi ses voies de communication et favorisait son commerce.

Les autres actionnaires se croyaient assurés d'une réussite presque certaine de la compagnie, l'État pouvant verser immédiatement des sommes considérables.

Les capitalistes qui en France sont généralement timides et recherchent pour leurs fonds des placements assurés, de préférence des fonds d'État ou garantis par lui, viendraient apporter leur argent à ces compagnies subventionnées plutôt qu'aux lignes rivales abandonnées par le Gouvernement à leurs propres forces.

L'État lui-même, disaient en 1840 les membres du Gouvernement, tout en venant au secours des compagnies se trouvait moins lié par ce mode de concours que par ceux des prêts ou de la garantie d'intérêt. En effet, après l'achèvement des travaux et pendant le cours de l'exploitation, alors que la compagnie serait arrivée à une situation prospère, il lui était loisible, s'il le jugeait convenable, de vendre ses actions comme peuvent le faire les actionnaires ordinaires. Il pouvait, selon les circonstances, négocier ses titres à la Bourse et, par ce moyen qui ne portait aucun préjudice à la première compagnie, venir en aide à de nouvelles entreprises tout en n'apportant aucune augmentation aux charges du Trésor (1).

Comme actionnaire l'État devait avoir dans les assemblées générales et au sein du Conseil d'administration un nombre de voix proportionné à celui des actions qu'il avait souscrites. Il possédait alors plus qu'un droit de contrôle ; il avait un pouvoir d'administration et, en vertu même de son titre d'actionnaire, il devait s'immiscer dans la gestion intérieure de la compagnie. Son droit de surveillance se trouvait étendu ; son action était plus directe et il pouvait, soit dans l'intérêt de la compagnie elle-même, soit dans l'intérêt supérieur du bien public, faire prendre telles ou telles mesures qu'il jugerait convenables.

Si la question que nous étudions n'avait pas un intérêt purement historique ; si elle était actuellement en discussion et si nous avions à prendre parti à son sujet, nous n'hésiterions pas à condamner le mode de participation de l'État à la construction des chemins de fer comme actionnaire, malgré les grands avantages qu'il présente et les résultats heureux qu'il a produits dans un certain nombre de pays étrangers (2). Et cela pour un

---

(1) En abandonnant tout ou partie de ses actions il pouvait exiger de la compagnie en faveur du public une diminution de tarifs.

Disons encore qu'en cas de rachat de la ligne, la somme à verser par l'Etat aurait été diminuée du montant des actions prises par le trésor.

(2) L'Etat de Maryland et la ville de Baltimore ont souscrit 57 millions 1/2 d'actions à la compagnie du Baltimore et Ohio R. R.

Voir également les Chemins de fer suisses.

seul motif l'ingérence trop complète de l'État dans l'administration intérieure de la compagnie.

Il est nécessaire, nous n'hésitons pas à le dire, que dans des entreprises aussi considérables, intéressant à un tel point la prospérité du pays tout entier, l'État ait un droit de contrôle sur la gestion des compagnies, mais là doit s'arrêter son rôle ; son immixtion ne doit pas aller plus loin. Nous considérons comme fondées, jusqu'à un certain point, les objections que nous avons développées au début de ce chapitre et qui reprochent à ce système « d'établir une regrettable confusion entre l'administration et le contrôle, d'aliéner la liberté des concessionnaires et de leur imposer une tutelle funeste à leur initiative » (1). En France, l'État a une trop grande tendance à gêner la liberté individuelle et il est facile de constater, dans les diverses branches de notre industrie nationale, les résultats déplorables qui ont toujours été la conséquence d'une semblable manière de faire.

Nous venons d'étudier en matière de souscription d'actions la question de principe ; il reste maintenant à dire quel traitement les auteurs des projets de 1835 et 1840 prétendaient accorder à ces actions souscrites par l'État.

Le but que devait se proposer le Gouvernement était tout autre que celui recherché par les autres actionnaires. Ces derniers désiraient simplement trouver pour

(1) Picard, *loc. cit.*

leurs capitaux un placement assuré et devant rapporter
un fort intérêt dans un laps de temps aussi court que
possible. L'État au contraire n'avait en vue que de venir
en aide à des compagnies nouvelles, de faciliter l'ouverture de lignes dont l'utilité publique avait été reconnue
et de hâter leur achèvement afin d'accroître la richesse
des pays qu'elles devaient desservir. Ne recherchant
pas pour le moment un bénéfice immédiat, il devait,
pour attirer d'autres capitaux, donner certains avantages aux autres actionnaires ses coassociés.

Lors du projet de loi relatif à la construction de la
ligne de Paris à Rouen, le Gouvernement proposait d'accorder aux autres actionnaires un intérêt de 4 à 5 0/0
avant de faire aucun prélèvement au profit de l'État.
De même dans le projet de 1840 on donnait aux capitaux des particuliers un revenu de 4 0/0 ; l'État ne devant qu'après ce prélèvement toucher un revenu analogue.

Une fois les intérêts payés, si les bénéfices de l'exploitation donnaient un excédent, il devait être distri-
bué aux actionnaires au prorata de leurs versements(1).

____

(1) Projet de 1840 relatif aux lignes de Paris à Orléans et à Strasbourg.

CHAPITRE III

Nous avons dans le chapitre précédent étudié un des modes d'intervention de l'État dans la construction des lignes de chemins de fer, mode qui, n'ayant pas été employé en France, n'a pour nous qu'un intérêt purement théorique. Nous allons maintenant nous livrer à l'examen d'un autre système de concours ; celui des prêts consentis par l'État aux compagnies de chemins de fer.

Très en faveur pendant une dizaine d'années (1), ce genre d'intervention a été depuis 1847 complètement abandonné et fait maintenant partie de l'histoire de la constitution des compagnies ; aussi serons-nous encore assez brefs sur ce point qui d'ailleurs n'offre rien de particulièrement intéressant.

Il ne peut être ici question que du prêt à intérêt fait par l'État à une compagnie de chemins de fer considéré comme société commerciale. Si nous supposions un instant que le Parlement ait consenti à accorder aux compagnies un prêt sans intérêt, nous rentrerions dans

(1) De 1837 à 1847.

le cas précédemment étudié des subventions en argent ;
et alors la subvention accordée égalerait le montant des
intérêts de la somme prêtée. Outre que ce mode d'intervention serait fort onéreux pour l'État qui devrait
verser des sommes considérables pour procurer certains avantages aux compagnies de chemins de fer, il
serait préférable de consentir au concessionnaire des
annuités lui permettant de contracter des emprunts
dans des conditions favorables.

Mais relativement au seul prêt possible en la matière, le prêt à intérêt, les rôles sont parfaitement défi-
nis. Nous trouvons d'abord le prêteur, l'État, puis
l'emprunteur, le concessionnaire. Le premier ne se dé-
cidera, dans le cas qui nous occupe, à faire des avances
à la compagnie que si cette dernière est dans une situation pécuniaire satisfaisante, et si elle lui accorde des
garanties ou des gages acceptables. Le Trésor faisant à
son égard l'office d'un banquier ordinaire exigera que
le paiement des intérêts des sommes par lui avancées
et le remboursement de son capital prêté soient assurés par des hypothèques et si elle lui accorde des gages
acceptables et d'une sécurité suffisante. Il faudra donc
pour que ce cas puisse se présenter qu'une compagnie
déjà en exploitation et ayant des finances prospères,
désire perfectionner son matériel d'exploitation ou hâter la construction de voies nouvelles.

Quel intérêt pourra-t-elle retirer de ce mode d'intervention de l'État ? Un très grand, nous dira-t-on, le

Trésor public ayant surtout en vue le bien général ne cherchera pas, comme une société privée, à tirer des bénéfices de la compagnie de chemin de fer et lui consentira un prêt aux conditions les plus avantageuses possible. J'y consens ; dans certains cas, elle pourra y trouver un avantage, mais combien d'entre elles seront dans un état qui leur permette de solliciter ce mode de concours et de mettre toutes les chances de leur côté.

Et cela est vrai, car si, dans l'hypothèse présente, on examine les conditions dans lesquelles se trouve l'État prêteur, on voit qu'il ne peut rien gagner. On remarque qu'il rentre simplement dans ses déboursés si la situation de la compagnie s'améliore. Dans ce cas il sera remboursé de son capital et aura touché des intérêts fort minimes, inférieurs à ceux qu'il aurait reçus s'il avait placé son argent dans les circonstances ordinaires. Si au contraire l'entreprise ne réussit pas, si les résultats ne répondent pas aux espérances conçues, il devra, usant des droits qui lui sont accordés, faire déclarer la société en faillite et mettre les lignes et le matériel en adjudication. Le fera-t-il ? Non, l'État reculera toujours devant une pareille extrémité. Un de ses devoirs étant de veiller avec sollicitude sur les grands intérêts du commerce et de l'industrie, d'en faciliter le développement et d'aider autant qu'il lui est possible à leur prospérité, il préférera renoncer à tout ou partie de ses droits, accorder des délais à la compagnie insolvable ou même transiger avec elle.

Les risques encourus par l'État sont donc très élevés puisqu'ils portent sur la totalité du capital prêté.

A ces nombreux, inconvénients les partisans de ce système répondaient par l'argument suivant qui, quoique exact dans une certaine mesure, ne fut pas capable de vaincre les nombreuses résistances qui lui étaient opposées. « Le principal avantage du système des prêts, disaient-ils, est la diminution du fonds social de la compagnie qui doit par suite se constituer facilement ». Ce mode d'intervention présentait selon eux les mêmes avantages que celui de la participation de l'État comme actionnaire, mais sans en avoir les principaux inconvénients. Ainsi avec lui se trouvait supprimée l'ingérence du gouvernement dans l'administration intérieure des compagnies, son immixtion dans les conseils d'administration et les réunions d'actionnaires. De même, en cas de non-réussite de la ligne entreprise, il n'exposait pas l'Etat aux mêmes responsabilités, la participation du Trésor se trouvant pour toujours limitativement fixée.

Tout fut essentiellement variable dans la mise en pratique de ce système : les conditions de versement et de remboursement, le taux de l'intérêt et les sûretés demandées par l'Etat comme garantie de son prêt.

Les versements faits par l'État étaient rarement opérés en une seule fois ; ordinairement ils étaient espacés à des intervalles fixés d'avance ou subordonnés à l'achèvement des travaux. Ce mode de paiement présentait l'avantage de diminuer les charges du Trésor en répartissant sa dette sur plusieurs exercices. L'État y trouvait en outre une garantie du bon emploi des fonds, ainsi qu'un stimulant pour les compagnies qui pouvaient avoir intérêt à activer le plus possible la marche des travaux.

Les compagnies agissaient pour leurs remboursements de la même manière que l'État pour ses versements. Elles ne les effectuaient pas d'un seul coup, et cela se comprend facilement. Elles se seraient fréquemment trouvées dans l'impossibilité de se libérer en bloc des prêts importants qui leur avaient été faits. Elles s'acquittaient le plus souvent de leurs dettes en opérant leurs paiements sous la forme d'annuités (1) s'étendant sur un nombre d'années très variable mais en général assez long : 3 ans pour la ligne de Montereau à Troyes ; 12 ans pour certaines lignes du Gard ; 20 ans pour la compagnie de Paris à Versailles (rive gauche) ; 30 ans pour celle de Paris à Rouen et 40 ans pour celle de Rouen au Havre (2).

D'autres fois le remboursement se faisait par le moyen d'un prélèvement annuel ajouté aux intérêts, prélèvement essentiellement variable lui aussi. Il était par exemple de 1 0/0 pour la ligne de Strasbourg à Bâle et 2 0/0 pour celle d'Andrezieux à Roanne (3).

Dans les deux cas, la date fixée comme point de départ

(1) Quelquefois même de termes semestriels.
(2) Picard, *Traité des chemins de fer*, t. 2, p. 222.
(3) Picard, *loc. cit.*

de l'amortissement partait tantôt de la mise en exploitation de la nouvelle ligne, tantôt de l'achèvement des travaux, tantôt d'un délai arbitrairement fixé mais toujours assez éloigné pour permettre à la compagnie de se libérer avec plus de facilité.

Le taux de l'intérêt payé par les compagnies à l'État était de 3 0/0, 4 0/0 et 5 0/0. Pour ne citer que quelques exemples empruntés à l'ouvrage si complet et si exact de M. Picard (1), rappelons qu'un intérêt de 5 0/0 était payé pour le prêt consenti à la ligne de Troyes à Montereau, que pour les lignes de Paris à Versailles (rive gauche), d'Andrezieux à Roanne, il était de 4 0/0 et de 3 0/0 pour les compagnies de Paris à Rouen et au Havre.

Jamais l'État en cette matière ne s'était accordé de privilège pour percevoir sur les produits nets de la compagnie le revenu des sommes par lui prêtées. Tout au contraire, dans un cas relatif à la ligne de Strasbourg à Bâle, par une loi du 15 juillet 1840, il a accordé à la compagnie le droit de prélever pour ses actionnaires un dividende de 4 0/0 et cela avant le paiement des sommes qui lui étaient dues pour l'intérêt de son prêt.

On comprendra facilement que dans ces conditions le remboursement du capital et même le paiement des intérêts ait été fort aléatoire. Néanmoins l'État avait exigé des garanties pour la sûreté de sa dette. Dans certains cas, la compagnie était obligée d'y affecter sa li-

____

(1) Picard, *loc. cit.*

gne et son matériel ; d'autres fois, le Trésor ne trouvant pas ces gages suffisants avait obtenu soit des hypothèques sur d'autres concessions, soit l'engagement solidaire de certaines grandes maisons commerciales et industrielles (1).

Pour terminer ce sujet, disons que l'État eut grand peine à se faire rembourser ses avances et que ce ne fut qu'en 1863 que les compagnies engagées furent complètement libérées pour le paiement du capital de leurs emprunts.

(1) Loi du 17 juillet 1837 relative aux lignes d'Alais à Beaucaire et à la Grand'-Combe.

CHAPITRE IV

I. — Des bases de la garantie d'intérêt.

On peut définir la garantie d'intérêt un prêt à échelons successifs dont le remboursement dépend des bénéfices réalisés par les débiteurs et se fait par à-comptes sans limitation de délai.

Le traité passé entre le Ministre et les concessionnaires consiste à faire garantir par l'État aux porteurs de titres émis par les compagnies pour leurs emprunts un minimum de revenus à l'aide de sommes avancées aux concessionnaires et remboursables dans de certaines conditions. La somme à prêter n'est pas déterminée d'avance, elle est limitée seulement par les besoins du débiteur et il n'y a de fixe que la durée du contrat (encore y a-t-il eu sur ce point difficulté dans deux hypothèses).

Actuellement et d'après les conventions de 1883, c'est le dividende des actionnaires qui est garanti. Mais il nous faut absolument remonter en arrière, et dire quelques mots des anciennes conventions avant de traiter du système en vigueur aujourd'hui qui s'y rattache directement.

Le concours de l'État sous forme de garantie d'intérêt a été indiqué et discuté en 1835 dans un projet de
loi relatif au chemin de fer de Paris à Rouen et au
Havre ; mais c'est l'année 1840 qui le vit adopter pour
la première fois : à cette date, l'État consentit à allouer
pendant 46 ans une garantie de 4 0/0, y compris 1 0/0
d'amortissement, à la compagnie de Paris à Orléans.
De même, le 19 novembre 1849, une loi autorisa la promesse d'une garantie d'intérêt à la compagnie de Marseille à Avignon. Le taux en était de 5 0/0.

Nous n'étudierons pas à nouveau les précédents et
les causes des conventions de 1859. Ce point a été
l'objet d'un chapitre spécial dans notre première partie ; nous n'en retiendrons que les clauses financières.
Elles peuvent se résumer de la manière suivante : les
lignes concédées aux six grandes compagnies étaient
divisées en deux groupes ; l'un, l'ancien réseau, était
présumé donner des bénéfices, l'autre, le nouveau,
comprenait les lignes nouvellement concédées, non encore construites, dont l'utilité apparaissait bien au point
de vue de l'intérêt général, mais dont le rendement
éventuel demeurait fort incertain. Il était entendu que
l'ancien réseau devait se suffire à lui-même ; c'était sur
le second qu'allait porter la garantie de l'État. Le Gouvernement garantissait au taux à peu près uniforme de
4,65 0/0 l'intérêt du capital représentant l'ensemble
des dépenses à faire pour l'établissement de ce deuxième
réseau. En outre, il était stipulé que, si le produit de

l'ancien réseau dépassait un rendement kilométrique moyen et fixé d'avance, l'excédent serait appliqué avec le rendement même du nouveau réseau à couvrir l'intérêt et l'amortissement garanti par l'État. C'est ce qu'on a appelé le *déversoir*. Pour nous expliquer plus complètement : la compagnie a un revenu réservé sur l'ancien réseau. Ce revenu comprend : 1° le dividende des actionnaires, calculé d'après la moyenne des dividendes des années précédentes ; 2° la somme que la compagnie sera forcée de débourser pour porter à 5,75 0/0 le service des obligations émises pour le nouveau réseau, c'est-à-dire 1,10, l'État garantissant 4,65 (1) ; 3° on prélevait la somme nécessaire pour le service des obligations de l'ancien réseau. Le total de ces trois sommes, divisé par kilomètre, donne le revenu kilométrique réservé et le *déversoir* ne commence à fonctionner que si le revenu kilométrique moyen dépasse le revenu kilométrique réservé. La différence entre les deux revenus, multipliée par le nombre de kilomètres, donne le chiffre à déverser.

Tel est l'ensemble du système de garantie innové en 1859. Maintenant comparons-lui le type nouveau, celui de 1883. Aux termes des diverses conventions conclues à cette époque, deux méthodes sont appliquées. Pour les compagnies du Paris-Lyon-Méditerranée et du Nord, dont la situation plus brillante que celle des autres

____

(1) On présumait que les emprunts ne pouvaient être faits qu'à un tel taux.

compagnies ne parut pas devoir exiger une garantie de dividende, la division en deux réseaux et l'ancien déversoir sont maintenus. Mais le *déversoir*, c'est-à-dire le revenu, au delà duquel le produit du compte unique d'exploitation se déverse sur le nouveau réseau en atténuation de la garantie d'intérêts, se compose de nouveaux éléments.

Il comprend : 1° l'intérêt et l'amortissement au taux effectif des négociations, des sommes empruntées pour le rachat, la construction et la mise en service des lignes constituant l'ancien réseau ; 2° l'intérêt et l'amortissement au taux effectif des sommes empruntées par les compagnies pour payer leur part contributive dans la construction du troisième réseau ; 3° l'intérêt et l'amortissement au taux effectif des dépenses de travaux complémentaires ; 4° la somme nécessaire pour payer aux actionnaires un certain dividende de 55 francs pour le Paris-Lyon-Méditerranée et 54, 15 pour le Nord.

Pour les autres compagnies, l'Orléans, le Midi, l'Est et l'Ouest, un système différent est appliqué. Les insuffisances du troisième réseau ne peuvent faire tomber le dividende au-dessous d'un certain minimum. En cas d'insuffisance du produit net du compte unique d'exploitation, l'État s'engage à parfaire chaque année la somme nécessaire :

1° Pour assurer le service des emprunts contractés par les compagnies, et pour son compte, dans l'intérêt des trois réseaux ;

2° Pour distribuer aux actionnaires un certain dividende.

Orléans. . . . . 56 fr.
Midi. . . . . 51 »
Est. . . . . 35 » 50
Ouest . . . . 38 » 50

Les conventions donnent l'énumération des dépenses faites pour les trois réseaux, dont l'intérêt et l'amortissement figurent dans le revenu total garanti. Cet intérêt et cet amortissement sont garantis au taux effectif moyen des négociations annuelles. Il y a là une importante innovation.

Les dépenses dont l'intérêt et l'amortissement sont garantis sont les suivantes :

1° Celles nécessitées par le rachat, la construction et la mise en service de l'ancien et du nouveau réseau (1).

2° Les dépenses faites au compte de la compagnie pour la construction et la mise en service du troisième réseau ;

3° Les dépenses de travaux complémentaires de parachèvement exécutés à toute époque à partir du 1er janvier 1884 sur l'ensemble du réseau avec l'approbation du Ministre des travaux publics (nous aurons à revenir sur ce point dans le cours de cette étude).

4° Les dépenses d'approvisionnement de l'ensemble des lignes exploitées, sans que leur total puisse excéder une certaine somme pour chaque compagnie.

(1) Ces dépenses ont été arrêtées à forfait pour certains réseaux.

En résumé, le système nouveau de garantie diffère de l'ancien sur les points suivants : 1° la garantie s'applique à la fois à l'intérêt et à l'amortissement des emprunts et au dividende ; 2° elle ne se calcule plus sur le taux forfaitaire de 4,65, mais sur le taux réel des emprunts contractés chaque année.

II. — Du règlement de la garantie.

Au début, la comptabilité des compagnies, dans leurs rapports avec l'État, était des plus compliquée. Par suite de la distinction en ancien et nouveau réseau, chaque compagnie devait produire des comptes distincts pour les deux catégories de lignes qui lui avaient été concédées.

Aujourd'hui, et c'est là une des grandes innovations des lois de 1883, la garantie d'intérêt se règle, pour chaque compagnie, au moyen du compte unique d'exploitation. Le solde de ce compte donne le produit net. Sur ce produit net, comme nous venons de le voir, est prélevé l'intérêt et l'amortissement servant à couvrir les dépenses de premier établissement. La différence entre le produit net et les sommes à verser pour cet intérêt et cet amortissement constitue la somme à répartir entre les actionnaires et si le dividende réservé n'est pas atteint l'État parfait l'insuffisance. Dès lors, il aura intérêt à examiner soigneusement les éléments du compte d'exploitation d'une part, les éléments du compte de premier établissement de l'autre. Il y aura intérêt de même à ne laisser classer dans la première catégorie, ce qui devrait être placé dans la seconde, et, sur ce point, M. Picard a tracé une page magistrale (1) à laquelle il nous est impossible de rien ajouter.

Cette démarcation des deux comptes est très délicate. Une définition nette des dépenses dites d'exploitation se dégage difficilement de la doctrine. M. Aucoc ne procède guère que par énumérations, M. Picard de même et généralement les auteurs se contentent de définir ces dépenses d'une façon négative : ce serait tout ce qui ne peut être porté au compte d'établissement. Quant à ce dernier on ne donne sur ses éléments que des notions vagues ; il faudrait y comprendre tout ce qui constitue un accroissement définitif de capital, une plus value pour le fonds social, tout ce qui apporte un élément nouveau aux constructions et à l'outillage préexistants.

Pour assurer l'application des rapports financiers de l'État et des compagnies, des règlements, spéciaux à chaque compagnie, mais calqués sur un modèle uniforme, ont été faits en 1863 (la compagnie du Nord n'a obtenu le sien qu'en 1868). Sur le point qui nous intéresse, l'article 1ᵉʳ dispose que les comptes de premier établissement comprennent :

1° Toutes les sommes que la compagnie justifie avoir dépensées dans un but d'utilité pour le rachat, la construction et la mise en service de chaque ligne et de ses

(1) Picard, t. II, p. 458.

dépendances jusqu'au 1er janvier qui a suivi l'ouverture de la ligne;

2° Les dépenses d'entretien et d'exploitation jusqu'à la même époque ;

3° Les 3/5 de la dépense d'entretien de la voie et des terrassements pendant une année à dater de la même époque pour les parties du chemin de fer qui n'auraient été mises en service que dans le cours de l'année précédente.

L'article 12 des mêmes règlements contient une énumération des dépenses d'exploitation qui n'est pas limitative, car il mentionne « toutes les dépenses qui, à partir du 1er janvier qui suivra la mise en service de la ligne, ont été faites dans un but d'utilité générale pour les réparations ordinaires et extraordinaires, l'exploitation et l'administration du chemin de fer et de ses dépendances ». Il mentionne en outre les impôts de toute nature payés par la compagnie, les prélèvements opérés pour la réserve, conformément aux statuts, les prélèvements ou versements faits au profit des employés de la compagnie.

Les conventions de 1883, sans dire mot de la distinction qui nous occupe, se sont contentées de ranger expressément parmi les dépenses d'exploitation certaines dépenses dont le caractère avait été controversé : 1° les sommes consacrées à la constitution des caisses de retraite ; 2° les versements aux caisses de prévoyance ; 3° les frais de contrôle ; 4° les indemnités relatives aux accidents, pertes, avaries et aux dommages causés par les incendies ; 5° les subventions aux correspondances par voie de terre et par voie d'eau, lorsque les traités ont été régulièrement autorisés par l'administration supérieure.

Donc, dans tous ces textes qui procèdent par énumération, rien de précis pouvant nous indiquer quelles dépenses devront figurer à l'un ou à l'autre de ces comptes ; rien qu'un caractère commun, caractère d'utilité pour le chemin de fer. D'ailleurs empressons-nous d'ajouter qu'à cet égard on s'est souvent laissé guider plus par des motifs d'humanité que par le désir de s'en tenir scrupuleusement aux textes. C'est ainsi qu'au dire de M. Picard (1) on a admis au nombre des dépenses d'exploitation « les encouragements aux sociétés alimentaires, subventions aux écoles fréquentées par les enfants d'agents ».

De même un arrêt du Conseil d'État du 26 janvier 1883 (2) a admis qu'on pouvait comprendre dans les dépenses d'exploitation des pensions allouées par décisions spéciales du conseil d'administration, quand les intéressés n'y auraient pas eu droit d'après les règles ordinaires. On serait même tenté de sourire en voyant les conventions de 1883 classer au nombre des dépenses d'exploitation les indemnités pour accidents et nous considérons comme justes les réflexions de M. de Janzé

(1) Picard, *Traité des chemins de fer*, t. II, p. 496.
(2) Lebon, p. 92.

à la séance du 26 juillet 1883. Cet orateur rappelait que le Conseil d'État était d'avis de faire entrer en compte les pertes matérielles, mais de laisser au compte particulier de la compagnie comptable d'une faute « les bras et les jambes cassés ». Et il ajoutait : « En vertu du nouvel article des conventions, désormais il n'y a plus de réserve pour la responsabilité de l'État. Chaque année, dans un compte d'exploitation, figureront les indemnités pour accidents, pertes, incendies et avaries, quand même les avaries, les incendies et les accidents seraient imputables à la faute des compagnies. Est-ce admissible ? Le partage des responsabilités entre l'État et les compagnies est-il juste ? Non ! C'est pourquoi je demande qu'on ajoute que la responsabilité de l'État sera dégagée quand le dommage sera imputable à la faute de la compagnie ». M. de Janzé présentait en outre un amendement ainsi conçu : « Ajoutons aux termes de l'article 10 de la convention : « sont compris dans les dépenses les indemnités pour accidents, pertes, avaries et incendies, les mots : non imputables à la faute de la compagnie ».

Pour en revenir à la distinction des éléments des deux comptes, ajoutons que la jurisprudence ne permet pas de donner une définition absolument stricte de l'une et de l'autre catégorie de dépenses. Toutefois signalons un arrêt du 15 juin 1877 (1) dans lequel nous

(1) Lebon, 77, p. 599.

relevons les lignes suivantes (il s'agit du remplacement de plaques tournantes par d'autres plaques de plus grande dimension) : « Considérant que l'augmentation du diamètre de ces plaques n'a ni pour effet de diminuer à l'avenir les frais de renouvellement du matériel, qu'elle a pour objet de constituer à la compagnie des appareils plus perfectionnés dont la valeur constitue un accroissement de son capital ; qu'il suit de là que c'est avec raison que la décision attaquée a porté au compte de premier établissement la différence entre le prix des nouvelles plaques et celui auquel seraient revenues des plaques de même dimension que celles qui étaient hors de service... (1) ».

On le voit, l'idée exprimée dans cet arrêt, l'idée d'accroissement de capital, de perfectionnement stable d'outillage est identique à celle des auteurs que nous avons relatée.

S'il est difficile de distinguer en droit les dépenses d'exploitation des dépenses de premier établissement, comment en fait la pratique a-t-elle résolu cette délicate question ? Primitivement on ne comprend au compte de premier établissement que l'établissement de la voie et de ses dépendances, de leur achat ou de leur construction, en un mot toutes les dépenses à faire avant que l'exploitation ne commence. Mais bientôt la notion s'est étendue, et des dépenses faites durant l'exploita-

____

(1) *J. off.*, Débats parlem., 1883, p. 1892.

tion ont été mises au compte de premier établissement.
Alors il ne va plus y avoir que des questions de fait ; la
distinction que nous avons cherché à élucider devient
épineuse ; M. Picard cite un certain nombre d'exemp-
tions de la jurisprudence : ateliers de montage, restau-
ration de tunnels, adoucissement de talus, aqueducs
d'assainissement, égouts, puits, bornes-fontaines, appareils pour le cantonnement des trains, transformation
d'une ancienne gare en maison de garde etc..., toutes
constructions et installations dont la dépense a été mise
au compte d'établissement.

Ce dernier compte a grossi surtout par le fait de deux
théories : celle des *travaux complémentaires* et celle du
compte d'exploitation partielle. Les travaux complémentaires sont ceux qu'on n'a pu prévoir lors de la concession, et qui ont cependant le caractère de travaux de
premier établissement. Les conventions de 1859, les
prévoyaient, mais on ne devait les faire entrer en compte
que pour le partage des bénéfices. A partir de 1868 le
principe s'élargit, et des dépenses complémentaires
purent être inscrites au compte de premier établissement au point de vue de la garantie comme au point de
vue du partage des bénéfices, pourvu que dans les limites de maxima fixées, un décret en Conseil d'Etat les
approuvât. On fit bientôt disparaître la limitation de
délai jadis imposée. Les conventions de 1883 édictent
une seule limitation. Les lois du 20 novembre de la
même année contiennent en effet un article aux termes

duquel le montant des travaux complémentaires que le Ministre des travaux publics pourra autoriser sera fixé chaque année par un article de la loi de finances.

Le compte d'exploitation partielle va nous retenir plus longtemps. Lorsqu'on a fait les conventions de 1883, il a bien fallu reconnaître qu'un grand nombre de lignes de ce troisième réseau qu'on devait créer ne donneraient que de mauvais résultats dans leur gestion, au moins pendant un certain nombre d'années. Il y avait dès lors un danger à éviter, il fallait à tout prix empêcher que ces insuffisances ne vinssent grossir le chiffre déjà élevé de la garantie d'intérêts et alors on s'arrêta au système suivant : on isola l'ensemble des lignes neuves ou à construire et présumées pauvres du reste du réseau de chaque compagnie ; toutes les insuffisances d'exploitation de cet ensemble de lignes devront être portées pendant la durée d'établissement du troisième réseau au compte d'exploitation partielle dont le solde grossira le chiffre des dépenses de premier établissement. Ce système avait d'ailleurs été expérimenté en 1875 pour le Nord. En d'autres termes, par un article spécial des conventions de 1883, on a autorisé les compagnies à distraire de leur compte d'exploitation général le déficit annuel des lignes nouvelles concédées en 1883, ainsi que le déficit de celles comprises dans les conventions de 1875, jusqu'au 1er janvier qui suivrait l'achèvement des lignes concédées à ces deux époques. Toutefois la compagnie du Nord ne pouvait porter au compte d'exploitation partielle que l'intérêt et l'amortissement des lignes concédées en 1883. Pour celles de 1875, l'article 10 de la convention de la même année restait en vigueur, mais seulement jusqu'à l'époque d'achèvement fixée pour l'ensemble des voies énumérées par l'article 1ᵉʳ de ladite convention, c'est-à-dire jusqu'en 1886.

J'ai dit que le report à un compte d'exploitation partielle était autorisé par les conventions de 1883. Quant aux deux compagnies du Paris-Lyon-Méditerranée et de l'Orléans, l'expression est tout à fait exacte. Pour ces deux compagnies, en effet, la rédaction est différente de celle qu'on trouve dans les conventions avec les trois compagnies de l'Est, de l'Ouest et du Midi. Pour celles-là l'inscription est obligatoire.

Pour le Lyon et le Midi, il s'agit d'une simple faculté (1). Pour le Paris-Lyon-Méditerranée l'article 13 de la convention du 9 juillet 1883 est ainsi conçu : « Jusqu'au 1ᵉʳ janvier qui suivra l'achèvement de l'ensemble des lignes comprises à l'article 15 de là présente convention, les intérêts et l'amortissement des dépenses à la charge de la compagnie pour l'exécution de ces lignes et de celles comprises dans la convention du 3 juillet 1875 seront payés au moyen des produits des sections de ces lignes qui seront successivement mises en exploitation. En cas d'insuffisance, la compagnie aura la fa-

____

(1) Nous ne parlons pas du Nord qui avait volontairement renoncé à l'application de la clause.

culté de les porter au compte de premier établissement ». La rédaction est analogue pour la compagnie
d'Orléans. Au contraire pour l'Est et l'Ouest, la mise
au compte d'exploitation partielle est obligatoire. L'article 11 de la convention avec l'Est dispose de la manière
suivante : « Jusqu'au 1ᵉʳ janvier qui suivra l'achèvement
de l'ensemble des lignes désignées à l'article 1ᵉʳ de la
convention, ces lignes et celles comprises dans la convention du 31 décembre 1875 *donneront lieu* à l'ouverture d'un compte provisoire et d'exploitation partielle ».

On le voit, le système du compte de l'exploitation
partielle consiste à considérer durant un certain délai,
le déficit d'exploitation comme une dépense d'établissement, et, comme on l'a dit, à porter au compte de
premier établissement non seulement le prix des rails,
des terrassements, des tunnels, non seulement la charge
des emprunts contractés pour la construction de la voie
et de ses dépendances, mais encore le prix du charbon
brûlé, les appointements des chefs de gare et des employés, en un mot, toutes les dépenses courantes.

Ce genre de comptabilité a été institué de longue
date pour les lignes qui ne sont pas encore construites
en entier ; nous en trouvons un exemple dans les règlements de 1863 et 1868. Et alors il se justifie facilement, car l'exploitation de tronçons isolés, quelquefois
bloqués aux deux extrémités, n'est pas une exploitation
normale.

Mais en 1875, et surtout en 1883, on a détourné de

sa notion primitive le mot d'exploitation partielle. On
a substitué, dans le système, le mot réseau au mot ligne, et on est arrivé alors à des résultats qui mena-
çaient d'être désastreux. En effet si en 1883 on a usé de
ce moyen subsidiaire, c'est qu'on pensait que la période
de construction du troisième réseau ne s'étendrait pas
au delà d'une dizaine d'années, et que, dès lors, les insuffisances accumulées ne donneraient pas un chiffre
énorme par la capitalisation des intérêts. On croyait
d'autre part qu'à l'époque présumée de l'achèvement
les ressources des compagnies seraient au niveau de
leurs charges. Mais les espérances ont été déçues ; il a
fallu doubler la période d'exécution du troisième réseau
et la situation des recettes des compagnies ne permit
plus de penser qu'en ajournant l'inscription des dépenses des lignes nouvelles au compte de la garantie, on
pût gagner l'époque où il ne sera plus fait appel aux
avances de l'État. Dans ces conditions il était de toute
nécessité de mettre fin à un état de choses qui avait les
inconvénients les plus sérieux.

Le premier de ces inconvénients, et c'est sur celui-là
qu'il faut insister, est d'accroître le coût des lignes. Un
orateur parlementaire l'a très bien démontré au moyen
d'un exemple que nous ne pouvons mieux faire que de
reproduire (1).

« Je suppose, a-t-il dit, qu'une ligne coûte 7 millions de francs.
La compagnie émet des obligations pour cette somme de 7 millions,
à 4,40 0/0. Ces 7 millions exigent 300.000 francs d'intérêts an-

D'une façon très frappante dans un rapport sur les garanties d'intérêt pour le budget de 1891 (1), M. Pel-litan a caractérisé le système en disant que le prix des lignes mises au compte d'exploitation partielle ne cesserait de s'accroître « de l'effrayante végétation des intérêts composés ».

Le second inconvénient du compte d'exploitation partielle est de masquer le déficit à combler et de surcharger l'avenir dans une proportion effrayante. La garantie d'intérêt, malgré le nombre de lignes ouvertes et leur peu de rendement, n'avait guère augmenté après 1885 ; mais pour une bonne raison, c'est que tous les déficits étaient couverts par l'emprunt ; les intérêts seuls de ces nouveaux emprunts influençaient la garantie. Mais le jour où, la dernière ligne étant ouverte,

nuels. La ligne est ouverte, mais ses recettes, la première année, ne permettent pas de couvrir les charges de la construction ; la compagnie émet dès lors des obligations pour couvrir ses 300.000 francs. Je vais plus loin, j'admets que la ligne ne couvre même pas les dépenses d'exploitation et que son exploitation présente une insuffisance que j'évalue à 200.000 francs. On met ces 200.000 francs à part et la compagnie est autorisée à émettre des obligations pour un chiffre correspondant. Elle couvre donc à la fois le chiffre de déficit de 300.000 francs qui correspondent au capital de construction, et le déficit de 200.000 francs relatif à l'exploitation. Elle crée en somme 500.000 francs d'obligations nouvelles. Il en résulte que le coût de la ligne, qui était de 7 millions, se trouve dès la seconde année porté à 7 millions 1/2. Il faut alors faire face à la charge résultant de ces 7 millions 1/2 remplaçant les 7 millions primitifs ; sans compter qu'on devra émettre encore des obligations pour couvrir la nouvelle insuffisance d'exploitation, et ainsi de suite ».

(1) *J. off.*, 1880. Chambre des députés, sess. extraor., annexes, p. 153.

la clause d'exploitation partielle ne s'appliquerait plus, on allait se trouver en présence d'une masse d'insuffisance considérable qui écraserait le budget. Ce jour il faudrait liquider, ce serait la ruine et voilà ce qui alarma bientôt les hommes compétents.

Dès 1888, le rapporteur du budget des travaux publics de 1889 signala le danger. Au Sénat, le rapporteur général du budget demanda la suppression du compte d'exploitation partielle ; le Gouvernement présenta des projets dans ce sens ; on traita avec les compagnies et l'on aboutit aux conventions du 20 novembre 1889 approuvée le 7 janvier 1890 avec l'Est ; du 16 avril 1890 approuvée le 27 mai 1891 avec le Midi ; du 24 novembre 1891 approuvée le 29 juillet 1892 avec l'Ouest ; du 10 décembre 1891 approuvée le 29 juillet 1892 avec l'Orléans ; du 17 octobre 1892 approuvée le 4 avril 1893 avec le Paris-Lyon-Méditerranée. Ces divers textes ont pour but de supprimer tout le système dont nous avons montré les inconvénients. Désormais les insuffisances d'exploitation d'une ligne seront portées au compte général d'exploitation dès le 1ᵉʳ janvier de l'année qui suivra l'achèvement de cette ligne.

Par suite de la suppression du compte d'exploitation partielle, le débat qui s'est produit à la Chambre des députés le 26 janvier 1891 perd beaucoup de son intérêt. Il s'agissait d'interpréter la rédaction de 1883 au sujet de ce compte. La difficulté portait sur l'article 16 de la convention avec le Paris-Lyon-Méditerranée ainsi conçu :

« jusqu'au 1er janvier qui suivra l'achèvement de l'ensemble des lignes comprises en l'article 1er de la présente convention, les frais d'exploitation, les intérêts et l'amortissement des dépenses à la charge de la compagnie pour l'exécution de ces lignes et de celles comprises dans la convention du 3 juillet 1875, seront payés au moyen des produits des sections de ces lignes qui seront successivement mises en exploitation.

« En cas d'insuffisance la compagnie aura la faculté de les porter au compte de premier établissement ».

La compagnie de Paris-Lyon-Méditerranée émettait plusieurs prétentions graves. Elle soutenait d'abord que l'article 16 s'appliquait, non seulement aux lignes concédées par les conventions de 1883 et 1875, mais encore aux lignes non ouvertes le 31 décembre 1874, mais concédées avant 1875, que la convention de la même année mentionnait, et aux lignes non dénommées que l'État se réservait le droit de concéder ultérieurement au Paris-Lyon-Méditerranée. Elle soutenait ensuite, et ceci était plus important, qu'elle avait le droit d'inscrire à son gré, soit au compte d'exploitation partielle, soit au compte d'exploitation générale, telles ou telles lignes suivant son bon plaisir. C'était là une interprétation bien dangereuse, car, parmi les lignes de 1883, il pouvait y en avoir quelques-unes de bonnes, dont les bénéfices viendraient en compensation avec les pertes des autres. De telle sorte, le solde demandé à l'emprunt serait plus restreint.

Les idées émises par la compagnie lui auraient permis de comprendre dans son produit net les lignes fructueuses, et de rejeter dans le compte de premier établissement les lignes mauvaises, de façon à pouvoir grossir le produit net du réseau tout entier. De là la conséquence suivante : bientôt le Paris-Lyon-Méditerranée aurait pu ne plus avoir recours à la garantie, aurait remboursé promptement la dette contractée de ce fait, reprendrait la liberté de son dividende et, toujours d'après le moyen factice que nous exposons, le grossirait jusqu'à ce qu'il atteignît 75 francs. Mais à ce point il faut, aux termes des conventions, partager les bénéfices avec l'État. Alors la compagnie Paris-Lyon-Méditerranée aurait pu reprendre du compte d'exploitation partielle les lignes mauvaises, en faire apparaître les déficits dans le compte d'exploitation ordinaire et empêcher ainsi le partage des bénéfices. Enfin, quand le troisième réseau aurait été terminé, toute la charge serait retombée au compte de la garantie ; c'était là, pour le Trésor, un danger qu'il fallait éviter à tout prix.

Le Comité central du contrôle des chemins de fer avait, dans un avis fortement motivé, déclaré, en ce qui touchait le premier point controversé, que le bénéfice de l'article 16 ne s'appliquait qu'aux lignes concédées en 1883 et en 1875 écartant ainsi les deux autres ensembles de lignes citées par les compagnies. Il avait spécifié de même que l'autre prétention de la compagnie n'était pas mieux fondée et que toutes les lignes du troisième réseau formaient un bloc dont la compagnie ne pouvait à son aise détacher les divers morceaux.

Un débat fut soulevé à la Chambre et aboutit aux mêmes conclusions. Aussi la compagnie dut-elle consentir à céder sur ces deux prétentions. Ce qui donne au résultat un intérêt toujours actuel, c'est que, par suite de ce changement d'interprétation, la modification aux soldes des comptes d'exploitation ayant effet sur la garantie d'intérêt par suite du mécanisme que nous avons exposé, on dut reporter au compte de garantie 58 millions pour les exercices de 1885 à 1893 qui n'étaient pas encore réglés. Ce report peut avoir une grande influence sur l'avenir (1).

Pour les chemins de fer de la métropole, la garantie se règle d'après les *dépenses effectuées* d'établissement et d'exploitation, et les charges effectives des emprunts. Pour les compagnies algériennes, les conventions sont

_____

(1) M. Colson dans ses articles de la *Revue des Deux-Mondes* sur la garantie d'intérêt (15 décembre 1895, 15 janvier 1896) a magistralement développé les conséquences du débat du 26 janvier 1891 :

« La nécessité d'avancer à la compagnie cette somme (les 58 millions), qu'elle n'avait pas demandée, a été l'une des causes des embarras de la trésorerie en 1894, si, comme il y a lieu de l'espérer, la compagnie Lyon rembourse dans l'avenir la dette, l'inconvénient n'aura été que momentané. Si contrairement aux prévisions elle devenait insolvable, ce serait pour l'Etat 52 millions de perdus ; les actionnaires allégés des 2 millions de charges annuelles que la capitalisation de ces bénéfices leur aurait imposées, devraient à la proposition de MM. Baïhaut et Pelletan une augmentation de dividende de près de 3 francs par tête jusqu'en fin de concession ».

au contraire *basées* sur des *forfaits*. Trois éléments peuvent donner lieu à une fixation forfaitaire : 1° le taux de la garantie d'intérêt ; 2° le capital d'établissement ; 3° les frais d'exploitation.

Le premier de ces éléments existait jusqu'à ces temps derniers pour les grandes compagnies. Il continue à être en vigueur pour les compagnies algériennes. Un intérêt de 6 0/0 est stipulé dans la convention avec le Bône à Guelma. Le taux de 5 0/0, amortissement compris pour les lignes de l'Est Algérien, et même de 6 0/0 pour les plus anciennes. Pour l'Ouest Algérien la garantie n'est stipulée pour la ligne de Palvia à Tlemcem qu'à 5 0/0 et même à 4,85 0/0 seulement pour les autres lignes.

Le forfait de construction est employé pour toutes les lignes algériennes. On l'a adopté afin d'éviter des difficultés de contrôle de vérification. Il a ses partisans et ses adversaires, mais il est moins attaqué que le forfait d'exploitation dont nous devons, pour terminer, exposer le mécanisme.

Dans ce dernier système, les frais d'exploitation sont fixés, au lieu de représenter les dépenses réelles, *a priori* d'après un barême dont l'élément variable est la recette kilométrique et dont la base est celle-ci : on suppose que par rapport aux recettes, la proportion des dépenses d'exploitation décroît à mesure que la recette monte. Nous donnons d'ailleurs en note un de ces barêmes, celui de 1877, employé pour les compagnies de Bône à

Guelma et de l'Est Algérien (1). En étudiant les avantages et les inconvénients des garanties d'intérêt, nous montrerons tous les dangers de ces forfaits d'exploitation qui ne comptent guère aujourd'hui que des adversaires.

III. — Vérification des comptes.

Chaque compte est dressé par la compagnie intéressée, vérifié par un inspecteur des finances attaché à la compagnie, soumis au contrôle de la commission de vérification, puis arrêté définitivement par le Ministre des travaux publics après avis du Ministre des finances. La décision du Ministre des travaux publics peut faire l'objet d'un recours contentieux devant le Conseil d'État.

Les décrets de 1863 avaient établi auprès de chaque compagnie une commission de vérification spéciale. Un décret du 28 mars 1883 a confié la vérification des comptes des six compagnies à une commission unique, composée de 11 membres et dans laquelle sont représentés les divers intérêts publics engagés (2 conseillers

<table>
<tr><td>(1) Recette kilométrique au-dessous de 11.000 francs.</td><td>Dépense forfaitaire d'exploitation, 7.700.</td></tr>
<tr><td>11.000 à 12.000</td><td>70 0/0 de la recette soit 8.040</td></tr>
<tr><td>12.000 à 13.000</td><td>67 . . . . 8.320</td></tr>
<tr><td>13.000 à 14.000</td><td>64 . . . . 8.540</td></tr>
<tr><td>14.000 à 15.000</td><td>61 . . . . 8.700</td></tr>
<tr><td>15.000 à 16.000</td><td>58 . . . . 8.800</td></tr>
<tr><td>16.000 à 20.000</td><td>55 . . . . 10.400</td></tr>
<tr><td>Au delà de 20.000 francs.</td><td>52 . . . .</td></tr>
</table>

d'État, dont l'un est président ; 4 membres désignés par le Ministre des finances ; 3 par le Ministre des travaux publics ; les inspecteurs généraux des finances chargés du contrôle financier de la compagnie ; les inspecteurs généraux des ponts et chaussées et des mines chargés du contrôle de l'exploitation).

Cette nouvelle organisation a pour but d'assurer plus d'unité dans la jurisprudence et plus de célérité dans la délibération.

Avances. — La vérification des comptes exige une étude approfondie qui entraîne d'assez longs délais. Certaines compagnies, qui font appel à la garantie d'intérêt, ne pouvaient pas, sans préjudice, attendre l'examen définitif de la commission de vérification pour recevoir la garantie à laquelle elles ont droit. L'article 21 des règlements permet au Ministre des travaux publics, à la fin de chaque exercice, de faire des avances provisoires aux compagnies. Quand le règlement définitif fait reconnaître que l'avance a été trop considérable, la compagnie est tenue de rembourser immédiatement l'excédent au Trésor avec les intérêts à 4 0/0.

IV. — Avantages et inconvénients de la garantie.

De même qu'elle a ses partisans enthousiastes la garantie d'intérêt a ses adversaires décidés. Dès l'origine des chemins de fer, la discussion s'ouvrait aussi savante qu'animée. Tandis que M. de Beaumont, dans un rapport de 1840, sur une garantie d'intérêt à accorder à la

compagnie d'Orléans, lui reconnaissait l'immense avantage d'assurer plus que tout autre système l'exécution
de l'entreprise en aventurant moins les fonds de l'État (1), M. Teste, alors ministre des travaux publics,
repoussait avec énergie des chances de ce genre dans
son projet de 1841. D'après lui, avec la garantie d'intérêt, les compagnies restent sans émulation. Comme
tous ceux qui ont la certitude de ne pas perdre, elles
n'essaieront pas de gagner ; elles ne feront aucun effort
pour accroître leur revenu ou pour améliorer leur service. Et, dans la polémique d'alors, des arguments fort
spécieux étaient invoqués dans le sens de l'opinion de
M. Teste. Au point de vue financier, tout en reconnaissant que la garantie d'intérêt n'imposait au Trésor que

(1) Rapport de M. de Beaumont sur la garantie d'intérêt (Compagnie d'Orléans).

« Et d'abord le principal avantage à ses yeux et celui sur lequel
elle croit devoir avant tout appeler votre attention, parce qu'il est
essentiel, c'est qu'il assure plus complètement qu'aucun autre l'exécution de l'entreprise et aventure moins les fonds de l'Etat. En effet
la première condition que l'Etat impose en donnant cette garantie,
c'est que l'engagement qu'il contracte n'aura d'effet que du jour où,
les travaux étant terminés, le chemin de fer sera mis en exploitation. Sans doute, il peut arriver qu'en dépit de cette garantie le chemin ne se fasse pas, mais ce qui est bien certain c'est qu'il faut
d'abord que le chemin soit fait pour qu'il y ait lieu non à une responsabilité certaine, mais à une responsabilité éventuelle de l'Etat.
Ainsi l'Etat s'engage tout d'abord ; mais pour obtenir le bénéfice de
son engagement, il faut commencer par accomplir l'œuvre d'intérêt
public dont l'exécution lui importe. Maintenant en même temps qu'il
ne risque rien avant que l'entreprise soit achevée, l'Etat peut-il rien
faire qui soit, plus que la garantie d'intérêt, propre à exciter les
efforts et à provoquer les capitaux nécessaires à l'exécution de l'entreprise ».

des charges éventuelles et trop peu importantes, on reprochait au système de jeter sur le marché public une masse considérable de valeurs qui feraient concurrence à la rente dont elles avaient toute la solidité puisqu'elles étaient gagées comme elle sur le crédit public. Au point de vue industriel (et ce deuxième argument peut avoir à l'heure actuelle plus de portée que le précédent) l'application de la garantie entraîne forcément, disait-on, des conflits entre le gouvernement et l'industrie, le premier se croyant trompé sur le chiffre des recettes et des dépenses, la seconde supportant difficilement la surveillance de l'État. L'expérience a montré depuis que ce reproche n'avait pas grande portée.

Quoi qu'il en soit, le débat dure encore, mais les avantages du système paraissent l'emporter sur les inconvénients. La garantie d'intérêt permet, et c'est là son grand mérite, d'associer largement l'industrie privée à l'exécution des grands travaux publics. Il faut, pour accomplir ces constructions de lignes des sommes considérables de capitaux. La fortune d'un concessionnaire n'y saurait suffire ; le crédit de l'État, s'il supportait seule la dépense, pourrait en être ébranlé.

Il faut attirer l'argent du public et d'un nombreux public. Or en France les capitaux sont généralement prudents. La petite épargne ne pouvait apporter sa cotisation à des entreprises aussi aléatoires que si l'on faisait, suivant un mot très juste, de l'obligation des chemins de fer le placement du père de famille.

La garantie de l'État se comprend donc, et, comme nous le verrons, ne paraît pas avoir donné d'aussi mauvais résultats que ses adversaires veulent le dire et le publier. Mais il faut se défier avant tout d'adopter un type admis par quelques compagnies secondaires, celui du forfait d'exploitation. Il présente des inconvénients tellement évidents qu'on se demande comment un pareil système a pu prendre quelqu'extension. Nous savons le sens de cette clause : on fixe *à priori* et d'après les recettes, la dépense par kilomètre d'exploitation sans s'occuper des frais réels de la mise en service.

On a souvent recours à la formule suivante pour déterminer le barême des dépenses d'exploitation : $D = A + \frac{R}{x}$; D étant la dépense, A une somme fixe, R la recette brute.

De plus la dépense ne peut descendre au-dessous d'un minimum fixé.

Dès lors on voit que la dépense d'exploitation se calcule uniquement d'après la recette brute. La conséquence est que le concessionnaire n'a aucun intérêt à développer un trafic. Nous allons tenter de le démontrer (1). D'abord presque tous les barêmes déterminent un minimum pour la dépense forfaitaire d'exploitation. Or tant que le cessionnaire n'aura pas espoir de dépasser de beaucoup le minimum, il n'aura pas intérêt à dé-

____

(1) Nous suivrons ici l'étude si nourrie de M. Colson sur la garantie d'intérêt (*Annales des ponts et chaussées*, décembre 1888).

velopper son trafic ; tout au contraire, il aura avantage
à le restreindre dans la mesure du possible. Car moins
il aura de trafic, moins il aura de frais civils, et comme
la somme qui lui est allouée ne varie pas, moins il fera
de frais réels, plus grands seront les bénéfices gratuits
dont il jouira, ces bénéfices étant égaux à la différence
entre la somme versée par l'État et la dépense effectivement faite sur le réseau. Mais supposons que le trafic
soit malgré tout plus important et que la recette brute
augmente de façon à dépasser de beaucoup la somme
pour laquelle, aux termes du barême, il est affecté la
dépense minima forfaitaire d'exploitation. Reprenons
notre formule en la précisant $D = A + \frac{R}{3}$; le forfait
d'exploitation augmentera du tiers de la plus-value de
recettes, de sorte qu'un tiers de l'augmentation pro-
fitera seul au concessionnaire. Mais cette plus-value
entraîne des frais ; il faut que l'augmentation de recette
soit égale au moins ou triple à ces frais, autrement le
concessionnaire verrait avec regret cette plus-value qui
ne peut lui être utile qu'à cette seule condition.

Par ce simple exemple, on voit combien le système
forfaitaire est défectueux et combien on doit s'en défier
dans toute nouvelle convention.

V. — Durée de la garantie.

La durée de la garantie d'intérêt est une question qui
doit nous retenir durant quelque temps. Elle a récem-

ment et pour deux compagnies donné lieu à des débats passionnés, dont l'opinion publique s'est vivement émue, et à un remarquable arrêt du Conseil d'État dont nous devons analyser les précédents et le dispositif.

C'est dans les conventions de 1859 que l'on voit apparaître la limitation de durée à la garantie de l'État. Les articles des divers textes alors adoptés par l'État et les compagnies se ressemblent fort et sont à peu près conçus dans les termes suivants : « Le ministre s'engage au nom de l'État à garantir à la compagnie, pendant 50 années à partir du 1er janvier 1865, l'intérêt à 4 0/0 et l'amortissement calculé au même taux pour un terme de 50 ans du capital affecté à la construction des lignes composant le nouveau réseau de la compagnie ». La garantie pouvait donc durer jusqu'en 1914.

En 1875, quand l'État traite de nouveau avec les compagnies, le ministre prend soin de rappeler dans le texte le terme assigné à la garantie par les conventions de 1859. Dès lors toute surprise, toute difficulté d'interprétation était impossible.

Sous le régime des conventions de 1883 et au point de vue qui nous occupe, les compagnies peuvent se diviser en trois groupes.

Pour le Nord et le Lyon, pas d'hésitation possible : ces compagnies ont admis par contrat que la garantie de l'État cesserait en 1914. Cette date a été explicitement acceptée par les intéressés.

Pour l'Est et l'Ouest, le malentendu serait difficile à

faire naître ; les textes sont aussi formels bien que les dispositions soient différentes. L'Est et l'Ouest, contrairement aux deux compagnies dont nous venons de parler, avaient été obligées de se servir de là garantie dans une proportion considérable. Les excédents de recettes déversés de l'ancien réseau sur le nouveau avaient été inférieurs aux avances de l'État ; les lignes nouvelles qu'on leur concédait étaient fort mauvaises, et il était certain qu'elles ne deviendraient pas rémunératrices avant longtemps.

La date de 1914 paraissait trop rapprochée. Dès 1875, l'Est avait obtenu que la garantie durât jusqu'au 31 décembre 1934. L'article 8 de la convention de 1883 se réfère au terme fixé par celle de 1875. L'Ouest obtint de même que l'expiration de la garantie fût prorogée jusqu'au 31 décembre 1935.

Un troisième groupe est formé des compagnies d'Orléans et du Midi. Pour elles, il vient d'y avoir contestation. Dès 1887, dans son remarquable traité des chemins de fer, M. Picard avait pressenti que l'ambiguïté des textes pourrait donner lieu à controverse. La question surgit en 1894 devant les Chambres à la suite d'une annonce d'interpellation. Le ministre des travaux publics déclara qu'il ne pensait pas que les conventions de 1883 eussent étendu la durée de la garantie au delà du terme fixé par les conventions de 1859, c'est-à-dire au delà du 31 décembre 1914, comme conséquence de son dire, il enjoignit aux compagnies du Midi et d'Orléans de lui soumettre un nouveau modèle de titres, portant la mention que la garantie d'intérêt prendrait fin le 31 décembre 1914. Les compagnies protestèrent ; sur le refus de faire droit à leurs réclamations, elles portèrent l'affaire devant le Conseil d'État. Pour le signaler, en passant, la compétence du Conseil d'État est admise par tous sur le point qui nous occupe. La jurisprudence est constante ; spécialement les décrets du 6 mai 1863, rendus en exécution de la loi du 11 juin 1859, ont organisé le recours au Conseil d'État en matière de garantie d'intérêt. Et, dans l'espèce dont nous traitons, aucune difficulté ne s'éleva sur la recevabilité du recours.

A l'appui de leur opinion, les compagnies invoquèrent les principes et les textes.

La garantie d'intérêt doit, disaient-elles, s'il n'y a de stipulation contraire, durer autant que la concession. Le contrat de concession est par essence un contrat à terme ; mais le terme, une fois fixé, s'applique de plein droit à toutes les clauses, à toutes les obligations respectives du concédant et du concessionnaire. Le régime de la concession forme un tout dont les parties doivent naturellement subsister autant que l'ensemble : la logique à défaut des textes force à statuer ainsi. D'ailleurs la loi organique du 11 juin 1880 sur les chemins de fer d'intérêt local a consacré cette doctrine.

Voilà pour les principes : les textes sont encore plus formels. Dérogeant à la règle générale que nous venons d'émettre les conventions de 1859 avaient expressément limité à cinquante ans à partir de 1865 la durée de la garantie (1). Mais les conventions de 1883 ont fait table rase du passé (art. 13 de la convention du 9 juin pour le Midi ; — art. 14 de la convention du 28 juin pour l'Orléans). « Les dispositions des conventions antérieures concernant la garantie d'intérêt à la charge de l'Etat et le partage des bénéfices, sont *remplacées* à compter du 1ᵉʳ janvier 1884 par les dispositions suivantes.... Remarquons bien le mot *remplacées,* il a dans le débat une importance capitale. On a entendu dire, et on a dit implicitement, qu'à l'ensemble des dispositions était entièrement substitué un ensemble de dispositions nouvelles, que les deux séries de textes ne se pénétraient pas l'une l'autre et que les conventions de 1859 étaient abrogées dans leur entier. Qu'en résulte-t-il? C'est que nous n'avons plus de textes en ce qui touche la durée de la garantie, c'est, qu'à défaut de textes, les principes généraux doivent seuls être appliqués. Or des principes généraux il appert que la garantie a le même terme que la concession. Ce raisonnement est en tout point conforme à la logique.

Mais les adversaires des compagnies insistaient : à défaut de principes, à défaut de textes, ils voulaient invoquer les débats du Parlement. Bien mince est l'argument qui se fonde sur une phrase incidente de M. Léon Bienvenu à la séance de la Chambre du 28 juillet 1883 (2).

(1) Mémoire de la compagnie, p. 13.
(2) *J. off.*, p. 1973, 3ᵉ colonne.

« Je prétends, disait l'orateur, que le rachat est fait. Il est fait à mon sens par la clause de la nouvelle convention qui garantit le revenu des actionnaires. La seule clause qui fait que cela n'est pas le rachat, c'est que cette situation prendra fin en 1915..... ». Ces quelques mots n'ont soulevé ni murmures, ni interruptions ; ils ont passé inaperçus. Il me semble donc impossible d'en tirer une conséquence aussi grave. Et d'ailleurs, depuis quand les tribunaux auraient-ils à tenir compte des opinions exprimées dans les Chambres et qui restent personnelles à leurs auteurs ? Ce serait introduire une complication inextricable dans l'application déjà si difficile des lois votées. D'ailleurs si on voulait se placer sur ce terrain, les compagnies seraient en mesure de répondre. Nous trouvons en effet dans le mémoire introductif d'instance les lignes suivantes : « Avec cette méthode de multiplier les citations nous pourrions, à notre tour, invoquer un passage du discours de M. Achard (1) qui se plaint longuement que la compagnie du Midi ait voulu se faire garantir, en quelque sorte, contre toute éventualité de modifications de tarifs, et contre le rachat du canal du Midi. « En résumé, dit M. Achard, l'article des conventions dont je demande la modification doit être interprété dans ce sens que, s'il est voté, il causera un préjudice presque irréparable aux populations du Sud-Ouest, en affirmant implicitement la *perpétuité*

____

(1) Séance du 31 juillet, *J. off.*, p. 2029, col. 2 et 3.

du régime économique contre lequel elles protestent ».

A bout d'arguments le Ministre citait un ouvrage de statistique (1) dans lequel, à la page 147, se trouve un tableau indiquant 1914 comme date extrême de la garantie. L'argument est pauvre. Ce n'est généralement pas dans un ouvrage de statistique que l'on cherche l'interprétation de contrats, et sérieusement on ne peut faire état de tableaux subrepticement insérés au milieu d'un amas de chiffres indifférents à la thèse que l'on veut soutenir.

D'ailleurs dans ces sortes de textes extra-parlementaires, les compagnies trouvaient mieux. Les rapports rédigés par les conseils d'administration du Midi et de l'Orléans aussitôt après le vote des conventions paraissaient formels. « Les dispositions qui régissent, dit l'un d'eux, depuis 1859 les rapports de la compagnie avec l'État, pour la garantie d'intérêt et le partage des bénéfices, sont *remplacées* par des clauses plus simples et plus avantageuses... *Les limitations de temps et de capital* ne s'y trouvent plus et les dépenses faites à toute époque en travaux complémentaires donnent lieu aux mêmes prélèvements que les autres dépenses de premier établissement pour le calcul de la garantie d'intérêt. Un dividende minimum de 50 francs est assuré aux actionnaires par la garantie de l'État ; et cette dernière, comme celle des emprunts durera jusqu'à la fin de la con-

____

(1) Statistique des chemins de fer. Imprimerie nationale, 1889.

cession ». L'autre insista : « Votre dividende sera désormais garanti par l'État jusqu'à l'*expiration de la concession*, quelles que soient les circonstances critiques que nous aurons à traverser... La disposition qui accorde à l'ensemble des dépenses, et jusqu'à l'expiration de la concession, la garantie de l'État permettra à votre clientèle fidèle d'obligataires de continuer à vous apporter le concours de ses capitaux avec plus de sécurité encore que par le passé, elle reconnaîtra que la compagnie conserve par son nouveau contrat de garantie enveloppant tous les emprunts, le concours de l'État pour combler par ses avances les insuffisances qui pourraient se produire et dans les conditions que font disparaître les *limites que les contrats antérieurs* imposaient à la durée de la garantie et au capital sur lequel elle portait. Vous rencontrerez en outre, un élément nouveau qu'il était du devoir du représentant de vos intérêts d'introduire à côté d'engagements si importants et de si longue haleine : c'est la garantie d'un minimum de dividende aux actions *pendant toute la durée de la concession* ».

Contre des écrits aussi nets, personne parmi les représentants de l'État n'a protesté, au moment de leur publication (1) ; personne n'a protesté non plus d'abord

---

(1) M. Jamel, dans un article de la *Gazette des tribunaux* du 8 décembre 1894, a très bien mis le point en relief : « Leur affirmation (celle des administrateurs, dont nous venons de transcrire le rapport) que du fait des nouveaux accords avec l'Etat, la garantie durerait autant que la concession a été tellement formelle qu'elle ne peut pas ne pas avoir frappé les actionnaires et qu'elle est assurément une

contre le libellé nouveau des titres d'obligations. Depuis 1868, les obligations de la compagnie du Midi portaient la mention suivante : « Le service des emprunts en intérêts et en amortissements, est assuré par préférence aux actionnaires sur tous les produits du chemin, ainsi que sur les garanties d'intérêt consenties par l'État pendant 50 années à partir du 1er janvier 1865 conformément aux lois des 11 juin 1859 et 11 juin 1863 ».

Pour la compagnie d'Orléans le libellé était celui-ci, depuis l'émission du 1er juillet 1860 : « Le service de l'emprunt en intérêts et en amortissements, est assuré avec privilège, par préférence aux actionnaires, sur tous les produits nets du chemin, ainsi que sur les garanties d'intérêt consenties par l'État pendant 50 années à partir du 1er janvier 1865, conformément à la loi du 11 juin 1859 dont l'extrait est transcrit ci-après ». Suivait le texte 2 de la loi du 11 juin 1859 limitant la

des principales raisons qui les ont décidés à ratifier les conventions. Mais il y a plus : leur affirmation ne s'adressait pas absolument aux porteurs d'actions ; elle était en outre à l'adresse du Ministre qui avait négocié les conventions nouvelles. Celui-ci n'a pas ignoré, n'a pu ignorer ce qui s'est passé dans les assemblées générales. N'y est-il pas représenté par un fonctionnaire de son administration, et ne reçoit-il pas communication des rapports des compagnies de chemins de fer. Cette année-là d'ailleurs, il avait l'obligation étroite de se tenir au courant de ce que contiendraient les rapports en question, car les conventions que les Chambres venaient de voter ayant besoin d'être ratifiées par les assemblées générales d'actionnaires, c'était son devoir de s'assurer que les rapports lus à ces assemblées ne donnaient pas à ces conventions une interprétation différente de celle qu'il leur donnait lui-même ».

garantie de l'État à 50 années à partir du 1ᵉʳ janvier 1865.

Après les conventions de 1883, les compagnies mentionnent la garantie de l'État sans aucune limitation de durée ; et le mémoire des compagnies ajoute avec raison : « Il est vraiment étrange de voir le ministre des travaux publics prescrire aujourd'hui le retour aux formules de 1859, quand, depuis 10 ans, le public a fait confiance aux nouvelles formules et que des centaines de milliers de titres ont proclamé partout la perpétuité de la garantie, sous le triple contrôle des compagnies, des agents de change et de l'État ».

La thèse invoquée par le Midi et l'Orléans pouvait donc s'appuyer sur des raisons de considérable importance et sur des arguments d'une valeur reconnue à peu près par tout le monde. Le Conseil d'État donna gain de cause à ces deux compagnies par deux arrêts du 12 janvier 1894. Les considérants portent que les dispositions substituées par les conventions de 1883 à celles des conventions antérieures et qui constituent un système complet pour l'application soit de la garantie, soit du partage des bénéfices, ne contiennent aucune condition ayant pour objet de limiter à une période déterminée le fonctionnement de la garantie ; qu'il n'a été fait, au nom de l'État, aux Chambres appelées à approuver ou à rejeter la convention, aucune déclaration de nature à faire naître un doute sur la portée de l'article dont il s'agit.

CONCLUSION

De tout ce qui précède, de l'étude que nous avons faite des rapports financiers de l'État et des compagnies de chemins de fer en général et de la garantie d'intérêt en particulier, il résulte qu'en cette matière si importante, bien des réformes sont à faire. Nous venons de passer en revue les lois et conventions en vertu desquelles l'État a assumé une part considérable des charges entraînées par l'établissement de notre réseau de chemins de fer. Loin de nous l'idée de critiquer le principe même du concours de l'État. Mais, en présence de l'énormité des charges qui pèsent actuellement sur le budget, une question se pose : n'est-on pas allé trop loin et trop vite en cette matière comme en beaucoup d'autres. La sagesse exigerait que l'État n'accrût ses charges, pour les lignes neuves, que dans la mesure où les obligations assumées pour les lignes anciennes s'atténuent par le développement du trafic. Telle était bien l'idée des auteurs du grand programme de travaux publics de 1879 et des conventions de 1883. Malheureusement ils se sont trompés, leurs prévisions ont été dépassées, l'accroissement des charges budgétaires depuis cette époque l'a suffisamment prouvé.

Il est à regretter que le classement des voies ait été trop hâtif, et par suite très imparfait ; qu'il comprenne comme lignes d'intérêt général un grand nombre de chemins qui ne devraient être considérés que comme chemins d'intérêt local. Cette erreur de principe tient à ce qu'il n'a pas été établi une ligne de démarcation nette et précise entre ces deux sortes de voies qui devraient être exécutées dans des conditions particulières d'économie et de bon marché. Mais on ne peut méconnaître que le régime des concessions tenues en tutelle par l'État s'adapte assez bien et à nos tendances et au caractère de nos constitutions. Sans être irréprochables, sans être exemptes d'inconvénients les combinaisons qui ont prévalu en France ont des qualités. Sur ce point comme en beaucoup d'autres d'immenses réformes doivent être réalisées, un vaste champ d'activité s'offre aux hommes d'entreprises. Chaque année la commission du budget étudie avec soin les rapports de l'État et des compagnies de chemins de fer. Devant elle se pose le problème de la situation financière de la France et nous espérons qu'elle le résoudra un jour au mieux des intérêts des compagnies et de l'État.

Vu :

Le Président de la thèse,

E. CHAVEGRIN.

Vu :

Le Doyen,

COLMET DE SANTERRE.

Vu et permis d'imprimer,

Le Vice-Recteur de l'Académie de Paris,

GRÉARD.

TABLE DES MATIÈRES

Imp. G. Saint-Aubin et Thevenot. — J. Thevenot, Successeur, Saint-Dizier.

Imp. G. Saint-Aubin et Thevenot. — J. Thevenot, successeur, Saint-Dizier (Hte -Marne).

www.ingramcontent.com/pod-product-compliance
Ingram Content Group UK Ltd.
Pitfield, Milton Keynes, MK11 3LW, UK
UKHW020828120726
13693UKWH00002B/535

9 782019 253677